昌明文庫 · 悅讀歷史

一口氣讀懂

史記故事

下冊

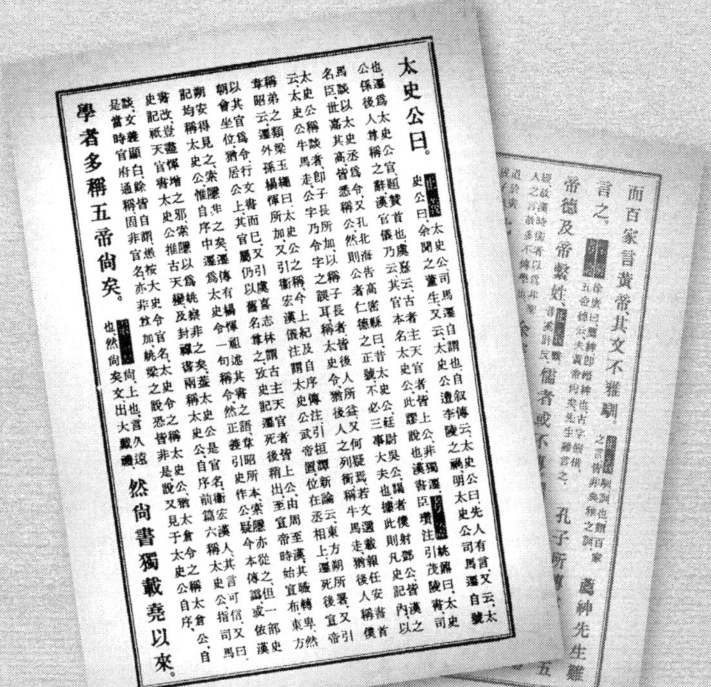

劉曼麗——主編

目　錄

CONTENTS

趙世家

趙氏孤兒

晉靈公極度的昏庸無道，荒淫到了極點，因為大臣趙盾敢於直言進諫，惹怒了晉靈公，所以很想殺掉他。趙盾知道君王想殺掉自己，但是卻不肯背棄君臣之道殺掉晉靈公，所以只好逃了出來。但是不久之後，趙穿，也就是趙盾的弟弟就殺掉了晉靈公。於是趙盾兄弟擁立襄公的弟弟姬黑臀為晉成公，這樣趙盾開始重新手握大權了。一天，趙盾夢見祖先叔帶，並且痛哭不止，然後又開始邊拍手邊大笑，還唱起了歌。隨後趙盾就占卜了一次，開始龜甲上顯示的很不好，但是後邊卻沒事。一位判官聽說了這件事之後，說這個夢是個凶兆，但是壞事在趙盾身上不會應驗，趙盾的兒子就會有危險，到了孫子的時候，趙家就會沒落。趙盾為了保住子孫的富貴，所以開始和晉國聯姻，讓自己的兒子趙朔娶了晉成公的姐姐，成了駙馬。晉景公即位之後，趙盾去世，趙朔繼承了他的爵位。

在晉景公三年的時候，也就是西元前五九七年，鄭國受到楚國圍困，向晉國求援。晉國派趙朔率兵增援，和楚莊王在黃河交兵。而在趙朔出兵期間，朝政大權就落到了屠岸賈的身上。屠岸賈原本是晉靈公的寵臣，但是當年晉靈公被趙穿所殺的時候，並沒有殺掉屠岸賈，到了景公的時候，屠岸賈就成了司寇。屠岸賈極度的心狠手辣，當年

晉靈公死後他的地位一落千丈，為了報仇，他決定滅掉整個趙氏家族，趙朔就成為了頭號目標。

屠岸賈開始實行他的報仇計劃，趁著趙朔不在，召集所有的大臣商量：「當年趙穿殺害君主，是謀逆大罪，趙盾雖然不知道，但是也算是亂臣賊子，這樣的人，他的子孫還在朝中掌管大權，是不合乎法制的，所以應該將他們都殺掉。」大臣韓厥卻說：「先君都認為趙盾在靈公遇害的時候是無罪的，所以趙盾才能留住性命。你現在要誅殺他的後代，就違背了先帝的意願，等同於濫殺，而且此時還隱瞞國君，根本就沒有把國君放在眼裡。」儘管這樣勸說，但是屠岸賈根本就聽不進去。

於是韓厥將屠岸賈的計劃告訴了趙朔，趙朔卻不願意背棄自己的國家，始終不肯逃跑，但是也想保留趙家的一點血脈，所以請求韓厥幫助自己保留趙家的香火，自己就算死了也沒有遺憾。韓厥見趙朔執意如此，就答應了他的要求。

此後趙朔稱病，足不出戶，這樣屠岸賈也沒打算放過他。在晉景公不知情的情況下，屠岸賈率兵將趙朔的府邸包圍了起來，同時在下宮殺死了趙家所有的族人。趙家就這樣滅亡了。但是當時，趙朔的妻子已經懷有身孕，在趙家慘遭滅門的時候，她正好在景公的宮中，於是就在那裡躲了起來。

當時趙朔的門客中，公孫杵臼和程嬰對趙家都很忠心。公孫杵臼想以死來表明自己對趙家的忠心，但是程嬰卻說，趙朔的妻子懷有身孕，如果是男孩，我們可以將他撫養成人，留住趙家最後一條命；如果是女孩就是天要趙家亡，到時候再死也不遲。

不久，趙朔之妻生下一個男孩。屠岸賈知道後馬上派人到宮中搜查。趙朔的妻子就將嬰兒放在自己寬鬆的褲子中，悄悄祈禱：「如果上天真的不憐憫趙家，要他們遭滅族之火，那麼孩子就放聲大哭；如果有幸可以保留一點血脈，那麼孩子就不要發出任何聲音。」等到屠岸賈搜到這裡，孩子沒有發出任何聲音，躲過了一劫。

為了將男孩救出來，程嬰說：「死很容易，但是扶立遺孤很難啊。屠岸賈第一次沒有搜到，肯定還會再來的，所以要趕快將嬰兒救出來。」恰好程嬰家中有一個剛出生不久的男嬰，於是他們將趙朔的孩子抱到深山裡面藏了起來，公孫杵臼看到程嬰竟然肯捨棄自己的孩子來保護趙家的孩子，很受感動。為了能夠讓程嬰活下去，他決定放棄自己的生命。程嬰假意到屠岸賈面前說他可以告訴屠岸賈趙家的孩子在哪裡，但是必須給他萬兩黃金。屠岸賈馬上就答應了，程嬰得到萬兩黃金之後，帶著屠岸賈的人來到了公孫杵臼的面前。

公孫杵臼假裝非常氣憤地大罵程嬰是個卑鄙小人，為了自己的榮華富貴出賣了朋友；即便是程嬰不願意撫養遺孤長大成人，他公孫杵臼也可以做到，也不至於要到出賣他們的地步。公孫杵臼抱著嬰兒對屠岸賈說：「嬰兒並沒有罪，希望能夠讓他活下去，他可以以死來補償。」但是屠岸賈並沒有答應，將公孫杵臼和嬰兒都殺死了，這樣屠岸賈才放心了。其實這是程嬰犧牲自己的孩子和公孫杵臼的性命來保全趙氏遺孤的偷樑換柱之計，雖然付出的代價很大，但終究還是保住了趙家最後的血脈。

計劃成功後，程嬰找了個機會把趙氏遺孤接到自己家裡，起名程武，一方面是紀念自己的兒子，另一方面也是保護這個孩子。

在孩子長到十五歲的時候，景公病重，占卜的結果說是因為大業慘遭滅族，他們的神靈不滿，因此景公才會生病。於是景公詢問韓厥為什麼大業的子孫滅亡了神靈會怪罪於他。韓厥因為知道趙氏孤兒的事情，所以說：「大業的子孫都姓嬴，自從叔帶在幽王的時候到達晉國之後，就開始改姓趙了，一直都延續著家族的血脈。但是在您手中，趙家慘遭滅門，所以他們的神靈怪罪於您。」景公急忙詢問趙家是否還有後代，韓厥將真相如實告訴了景公。之後馬上命令程嬰帶程武進宮，改名為趙武，讓他繼承趙家的爵位。

隨後景公命令韓厥將士兵埋伏起來，大臣們害怕不同意就會遭到殺害，都說同意趙武繼承趙家爵位，並說：「下宮事變是屠岸賈假傳聖命策劃的，現在將爵位歸還給他的後代也顯示您是一個英明的君主，最好趁現在將屠岸賈殺死，就更能顯示出您的英明。」於是景公馬上命令趙武帶兵去誅殺了屠岸賈一家，原來屬於趙家的封地又回到了趙武的手裡。

趙武行了成人禮之後，程嬰要和他告別說：「我的任務使命已經完成，趙家重新恢復了以前的地位，你也已經長大，是時候給你父親和公孫杵臼一個交代的時候了。如果我一天不去覆命，他們就會認為我還沒有完成使命。」儘管趙武痛哭挽留，程嬰還是絕食而死。在他死後，趙武將他奉為先父一樣，守孝三年，以後他的子孫世代都要來祭拜程嬰。

趙簡子當權

　　趙氏孤兒在程嬰的撫養下長到十五歲才得以恢復自己本來的趙姓，儘管將原來趙家的封地重新分給了他，但是趙家被屠岸賈滅門之後，趙家的實力幾乎被清除一空，趙武雖然恢復了姓氏，但是還沒有自己的實力，直到西元前五四八年，趙武開始掌管朝政大權，趙家才算是重新崛起了。趙武可以說是英年早逝，諡號「趙文子」，之後他的兒子趙成繼承爵位，不過也沒有活太久，就成了「趙景子」。趙成死後，他的兒子趙鞅可是說是晉國歷史上的風雲人物。

　　趙成病重的時候，趙鞅開始代父上朝，在韓起、魏舒的幫助下開始執政，這時候是西元前五二五年，韓趙魏三家和范荀成對立之勢，趙鞅初入政壇的時候是六卿之末，而韓起則位列正卿之首。

　　周景王於西元前五二〇年去世，之後周朝發動皇位之爭，敬王成功即位。之後王子朝不甘失敗，發動叛亂。敬王不敵，向諸侯國求援。金國派荀躒勤王，結果很長時間都沒有平定下來。三年之後，趙鞅服喪期滿，馬上披掛上陣勤王。他和其它諸侯國的代表商量，首先派兵保護周王，然後用糧草增援軍隊。只用了一年的時間，叛亂就平定了。護送天子回朝之後，趙鞅的威名大振。

西元前五一四年，韓起去世，魏舒開始執掌政權，但非常軟弱，他位高權重卻只會妥協，國家的穩定和和平在他手中艱難地維持著。這個時候范家的范鞅開始想方設法的籠絡趙鞅，用盡各種手段希望趙氏能夠依附於范氏。范鞅為了能夠拉攏趙氏，鼓動荀寅將自己的姐姐嫁於邯鄲大夫趙勝，趙勝因其祖趙旃封於邯鄲（晉國的東方重鎮），已經被稱為邯鄲氏。換句話說，邯鄲氏與趙氏同屬於一宗，但血親上已逐步疏遠。趙勝死後，范鞅任命趙勝與荀寅姐姐生的兒子趙午擔任邯鄲大夫。本來兩家的關係早就已經遠到十萬八千里了，但是邯鄲氏因為這種關係還是被范氏一步步拉攏了。

一年之後，范鞅和荀氏一族的人聲稱魏舒命令他們收繳民間的鐵器，要交給國家。在鐵器收上來之後就把它們鑄成了鼎，並將當年范宣子時代的法令刻在鼎上。這件事標誌著晉國諸侯和正卿的威信已經大幅度下降了。

終究還是抵不過時間的力量，范鞅死去的時候，趙鞅還正當壯年。之後荀躒成為正卿，但他只是文質彬彬的書生。范鞅的兒子雖然聰慧過人，但是資歷太淺，只剩下一個荀寅再也不能阻攔趙鞅，於是趙鞅的才能、抱負終於有機會施展了。

西元前四九八年，也就是晉定公十四年的時候，大夫范吉射和荀寅意圖謀反，於是和邯鄲大夫趙午商量。趙鞅見到趙午的時候，要求趙午將之前從衛國分到邯鄲的五百戶人家還給他，以便安置到晉陽去。一開始趙午答應了，但是回去之後又反悔了。趙鞅知道後非常生氣，認為趙午和范荀相互勾結，肯定會謀反，所以把他抓到晉陽關了起來，後來還是將他殺了。

殺了趙午之後，他的隨從涉賓被放了出來，但是以後邯鄲家族就要自尋生路了。涉賓回到邯鄲之後，十分悲憤，於是和趙午的兒子趙稷一起發動了叛亂。趙鞅因為他們違抗自己的命令，還興兵造反，所以立刻命令籍秦率兵攻打邯鄲。但是趙鞅不知道的是，籍秦原本是荀氏的家臣，是派來監視趙鞅的。趙午算是荀寅的外甥，所以籍秦將趙鞅要攻打邯鄲的消息告訴了荀寅。

得知這個消息之後，荀范兩家開始召開緊急會議，研究怎樣才能解邯鄲之圍。他們決定和邯鄲一同起兵造反，於是開始召集兵馬。趙鞅的家臣董安于很快就感覺到了荀范兩家的異動，勸說趙鞅早作準備。但是趙鞅很無奈，因為當時晉國的法律規定最先發動叛變的人會被處死，所以只能靜觀其變、後發制人。董安于見趙鞅沒有反應，於是私自調動趙氏的軍隊，準備迎戰。

正如董安于預料的那樣，還不到一個月，荀范兩家就聯合兵力開始討伐趙氏，籍秦這時候正在奉命攻打邯鄲，也不得不停下來，因為他原本就是荀氏的家臣，所以荀寅攻打趙氏，籍秦當時就聯合邯鄲的兵馬一起，給趙氏反戈一擊。就這樣，趙鞅在三方夾擊之下倉皇逃走，回到了趙氏的大後方晉陽。

趙鞅在回到晉陽之後，尋求韓不信和魏侈的幫助，終於戰勝了荀寅和范吉射。荀寅和范吉射在起兵失敗後逃到了朝歌，而趙鞅則在韓不信和魏侈的幫助之下回到了晉國絳城。之後智伯勸趙鞅盡快處罰董安于，因為荀范兩家之所以叛亂，罪魁禍首就是董安于，現在荀寅和范吉射都受到了應有的處罰，但是只有董安于安然無恙，這樣是沒法

堵住悠悠之口的。趙鞅很不忍心下令處罰他，但是董安于自己卻說：「我應該早就死的，我死之後，趙氏和晉國都不會有事了。」隨後就自盡身亡。

儘管荀寅和范吉射逃到了朝歌，但是趙鞅並沒有打算放過他們，在晉定公十八年出兵攻打他們，將朝歌包圍之後，殺了范吉射。在混亂中，荀寅逃到了邯鄲，趙鞅又發兵去邯鄲。隨後荀寅逃到柏人，趙鞅的兵馬就追到了柏人，這一次荀寅沒能逃脫，在柏人被殺。

連年的征戰，邯鄲和柏人都歸到了趙氏的名下。張揚雖然還只是晉國的上卿之一，但是他的封地和諸侯已經差不多了，在朝政上也是大權獨攬了。這一年是西元前四九三年，之後趙鞅就開始了對晉國長達十七年的獨裁統治。他死後，諡號為「趙簡子」，所以在歷史上，將他獨掌政權的時期稱為趙簡子當權。

三家分晉

　　西元前四六四年（晉出公十一年），出公派智伯率領軍隊進攻鄭國，此時，趙簡子正好生病了，於是就讓自己的兒子趙毋恤率領軍隊協助智伯進攻鄭國。

　　智伯名瑤，是智宣子的兒子。智瑤儀表魁偉，武勇善射，性格剛毅果決，也好喝酒，愛捉弄人。趙毋恤是趙簡子的兒子，在趙家的地位是非常低微的。因為他的母親是小妾，又是翟人，所以有時候就連趙簡子也看不起這個兒子。但是趙毋恤卻很爭氣，從小就很聰明，非常具有膽識。因為他的聰慧，趙鞅的家臣姑布子卿開始注意到了他。因為子卿很會說話，深得趙鞅的信任，所以很快子卿就向趙鞅推薦了他的小兒子趙毋恤。

　　一天，趙鞅將所有的兒子都召集起來，並對他們說常山之中有他藏起來的一塊寶符，讓所有的兒子都上山尋找，最先找到人會有重賞。但是幾乎所有的兒子都是空手而回的，只有趙毋恤說他找到了。在向趙鞅解釋的時候，他說道：「常山地勢險要，如果以此去攻打代國，那麼代國就是趙氏的囊中之物了。」這番話正中趙鞅的下懷，所以他非常高興，覺得趙毋恤最能明白他的良苦用心，也是難得的人才，所以破例立他為太子。

在這次出兵的過程中，智伯因為酒喝多了，將趙毋恤痛打了一頓。當時趙氏的家臣就要和智伯拼命，但是趙毋恤阻止了他們，勸他們以大局為重，不要因為衝動耽誤了進攻鄭國的大事。趙毋恤表面上看沒什麼，但是心裡卻記恨上了智伯。智伯清醒之後，知道將來趙毋恤一定會報復自己，所以在戰事結束回國之後，就立刻勸趙鞅改立太子，但是趙鞅不為所動。在趙鞅去世之後，趙毋恤就繼承了父親的爵位，成了趙襄子。

這時候的晉國由四大卿掌管，智伯是實力最雄厚的，在朝政上他是一手遮天。在晉哀公即位後，智伯就想借機吞併韓趙魏三家的土地。於是對他們說：「晉國原本是中原的霸主，但是後來吳越先後奪取了霸主之位，為了重振晉國的威風，我們每一家都奉獻出一百里土地和人口。」

其它三家都知道智伯只是利用哀公的名義來謀取私利，藉此剝奪他們的土地。韓庚子本來想拒絕的，但是他的一位家臣認為，如果直接拒絕，那麼智伯肯定會動用武力，因為智伯一向為人陰險，而且剛愎自用。另外他本性貪婪，在韓家得到土地之後，還會向其它兩家索要土地，等到其它人拒絕的時候，就是興兵討伐他最好的時機了。所以韓家將土地和人口都割讓給了智伯。

魏家的魏桓子也很不願意將土地不明不白地交給智伯，但是如同韓家所說的一樣，魏家的謀臣任章也說智伯得到土地之後就會變得驕傲，目中無人，繼而會理所當然地去索要其它人的土地，那麼凡是被他要去土地的人就會聯合成一個大聯盟，一起去反抗智伯，所以沒有

必要為了一點土地勢單力薄地反抗智伯，等到事態演變到對智伯不利的時候，再興兵也不遲。在他的建議之下，魏家也將土地和人口交給了智伯。

接著，智伯又去趙家索要土地，但是被趙襄子果斷拒絕了。智伯立馬命令韓魏兩家興兵攻打趙家。於是在西元前四五五年，智伯的軍隊為中路，韓魏的兵馬分別是右路和左路軍，浩浩蕩蕩地向趙家進軍了。趙襄子知道自己的實力不能硬拼，所以帶著軍隊退到晉陽。雖然三家軍隊將晉陽城緊緊地包圍了，但是趙襄子還是命令：只許死守，不許出戰。

在智伯查看地勢的時候，看到晉陽城外的晉水。這條晉水是繞著晉陽城向下流的，只需要將水引到西南邊就可以直接水淹晉陽城了。於是智伯命令士兵在晉水的旁邊再挖一條河，朝向晉陽，又在晉水的上游建起了大壩，攔住了晉水。因為正逢雨季，水壩的水很快就滿了，智伯命人在水壩上開了豁口，這樣大水就直接灌到晉陽城了。於是晉陽城馬上就變成了一片汪洋，百姓只能在房頂上避難。儘管條件很艱苦，但是沒有一個人願意投降。

智伯帶著韓庚子和魏桓子去查看水勢的時候非常得意，對他們說：「晉陽這樣子很快就完了。原本還以為晉水能阻擋我們進攻呢，沒想到反而幫了大忙，水也能滅掉一個國家呀。」這些話提醒了韓魏兩家，韓家的封邑平陽和魏家的封邑安邑旁邊都恰好有一條河，現在智伯能用水淹晉陽城，以後也很可能會用大水來湮滅平陽和安邑。這樣，他們兩人開始坐立不安了。

大水淹了晉陽城，雖然老百姓很堅定，但是情況越來越糟糕，水勢再上漲的話，整個晉陽就保不住了。趙襄子找到他的門客張孟談，看有沒有什麼辦法可以解決問題，張孟談對他說：「韓魏兩家雖然割了土地，但是心裡也是不滿的，可以爭取過來。」於是當晚，張孟談就奉趙襄子之命潛出城，先後找到了韓魏兩家，希望能夠聯合起來一起攻打智伯。韓魏兩家本來就已經開始動搖，經他一說很快就答應了。

　　到了第二天晚上，智伯正在營地休息，猛然喊殺聲大作，他馬上驚醒了，發現兵營裡面全是水。一開始還以為是大壩決口，水淹到自己營地了，趕緊命人去搶修；但是水勢越來越大，淹沒了所有的兵營。正在智伯驚慌不定的時候，韓趙魏三家的士兵駕著小船就衝殺過來了。智家的軍隊被淹死的、砍死的已經數不清了，智伯全軍覆沒，最後被三家的士兵捉住殺死了。

　　智家被消滅，他之前侵佔的土地都被他們收回了，自己的土地也被三家平分了。後來晉國其它的土地也被平分了。在西元前四〇三年的時候，三家派使者覲見周王，希望能封他們三家為諸侯，這時候周王也只能答應他們的要求。成為諸侯之後，韓趙魏三家就平分了晉國，成為中原的大國。這就是著名的三家分晉，加上秦齊燕楚就共同構成了歷史上的戰國七雄。

趙武靈王胡服騎射

　　趙雍十五歲的時候就繼承父親趙肅侯的衣缽，成為了趙武靈王，這一年是西元前三二六年。這時候中原各國處於不斷爭霸的焦灼狀態，短時期內是沒有辦法決出勝負的，所以趙武靈王決定改變他父親向南逐鹿中原的戰略方針，將目光轉移到了北方的胡地。就在這種戰略方針的指導下，他開始準備攻打中山國。

　　中山國的前身是白狄族，對趙國來說是一個嚴重的威脅。因為中山國正好處於趙國的正中間，只有東北的一小塊是和燕國相鄰的，其它的部分都被趙國包圍著。因為中山國的阻礙，趙國的四大重鎮代郡、邯鄲、上黨和晉陽之間的交通非常不便，對趙國的安全和統一是極大的隱患。因為中山國特殊的地理位置能夠很好地牽制趙國，所以和趙國毗鄰的齊國和燕國與中山國是一條戰線上的，也正因為如此，趙國也一直沒能除掉中山國這一禍患。儘管趙國的好幾代君王都想成就一番事業，但由於中山國的限制，趙國的大業一直沒有辦法全力施展。趙肅侯在攻打齊、燕、魏時都多次獲勝，但是對於中山國的問題卻一直沒能很好的解決。

　　趙武靈王登基三年之後，在西元前三二三年，在中山國的邊境鄗部開始建造城牆。中山國得知消息後，馬上就用水淹沒了鄗城，趙國再次失敗。

這次失敗之後，趙武靈王仔細地分析了兩軍的特點，發現胡人在作戰的服飾上和中原地區有很大的差別：他們的衣服袖子都比較窄，而且衣服也很短，這樣不管是打獵還是作戰都很方便。在打仗的時候，胡人是騎馬，利用弓箭來打仗，比中原笨重的兵車和長矛相比要靈活得多。經過這一番分析之後，趙武靈王不得不感歎：「胡人的騎兵來無影去無蹤，反應的速度是趙國無法比擬的，這樣的軍隊在戰場上獲勝也是應該的。」為了揚長避短，趙武靈王決定效仿胡人的穿著：穿短裝，紮起皮帶，穿上馬靴，此外還要練習騎射。為了表示自己的決心，他自己最先開始穿起胡服來。

緊接著，他讓趙成也開始穿胡人的衣服，但是趙成並不贊同他這樣的做法。於是趙武靈王親自去勸說：「趙國的四面八方都有強敵，東有齊和中山，北有燕和東胡，西有秦和韓。如果我們一直使用傳統的武器，敵人如果發動進攻，我們是沒有辦法能夠抵禦的。中山國仗恃齊國撐腰，侵略我們的土地，捕捉我們人民，決河水灌鄗城，以致鄗城幾乎失守。正是因為這樣，我才會改變戰衣，改進武器，就是為了能夠更好地防禦外敵，加強邊境的防守。但是您卻不願意突破傳統，實在是令人感到意外。」這番話徹底打動了趙成，趙成決心幫助他進行改革，第二天就穿著胡服上朝去了。

在這之後，趙武靈王開始下令全國的民眾都要穿著胡服，並且要經常練習騎射。其實在之前趙國就有人穿著適合騎射的胡服起兵來打仗的，但只是戰士們自發的行動。而現在是根據整個軍事鬥爭的需要，水到渠成地選擇更加容易取得勝利的戰爭方法。自從游牧民族和中原地區有了聯繫之後，最早的騎兵就已經開始出現了，只是在數量和戰術上還沒有形成規模，對戰爭的勝負起不到決定性的作用罷了。

趙武靈王實行胡服騎射的目的有兩個。一個是為了適應邊境戰爭的需要，還有一個就是想要解決趙國內部的分裂狀態，因為中山國的阻隔，代郡和邯鄲兩地的文化和政治都有著很大的不同，不利於趙國的統一。

趙武靈王的胡服改革後，迅速建立了一支以騎兵為主的軍隊，這支軍隊的威力很快就顯現出來了。第二年，趙國終於發動了對中山國的進攻，很快就攻破了寧葭。接著又開始攻打西胡，直到林胡王以貢獻品種優良的馬匹求和為止。趙武靈王命令代郡的趙固專門負責向內地提供騎兵。

隨後，西元前三〇五年，趙國分三路攻打中山國，奪取了很多城池，中山國不得不獻出四座城池來求和，這樣趙國才停止進攻。但是這並不意味趙國就會放過中山國。僅過了一年，趙國再次發兵攻打中山國。到西元前二九六年，趙國終於消滅了中山國這個心腹大患。在攻打中山國的同時，趙國還在攻打北方的匈奴、西邊的林胡和樓煩，一直打到了雲中和九原地區，也就是現在內蒙古包頭地區。

滅掉中山國之後的第三年，也就是西元前二九九年，趙武靈王傳位給了趙何，也就是趙惠王。之後趙武靈王就以「主父」自稱，讓兒子負責打理國家事務，自己就專心地攻打胡地；還打算以九原為據點，進攻秦國。他扮成使者去拜見秦昭王，沒被人識破。等到秦昭王知道使者就是趙武靈王的時候，非常驚訝。這次入秦行動讓他瞭解到了秦國的地形和秦王的為人，方便做出相對應的對策，由此可以看出，他打算直接和強大的秦國對抗。

經過趙武靈王胡服騎射的改革，趙國成為了當時僅次於秦國和齊國的強國。

主父之死

　　趙武靈王的第一位夫人是韓國公主，生子趙章，立為太子。趙武靈王十六年娶了美女吳娃，在韓夫人死後，吳娃就成了新夫人。趙何是吳娃的兒子，非常乖巧聰慧，很招趙武靈王的寵愛。儘管吳娃是夫人，但是從來沒有要求趙武靈王為她做過什麼事，所以趙武靈王對她一直都很愧疚。在吳娃死前，希望自己的兒子趙何能成為太子。為了彌補對她的虧欠，趙武靈王立刻就廢掉了趙章的太子之位，改立趙何為太子。而趙章就由太子變成了安陽君。

　　西元前二九九年，趙武靈王傳位給了趙何，也就是趙惠王。之後趙武靈王就以「主父」自稱，讓兒子負責打理國家事務，自己就能夠專心的進行軍事鬥爭，這樣就相當於一個國家有兩個君主，只是趙武靈王自己不再以國君自稱。他這樣做的目的就是考慮到自己常年在外領兵打仗，生命隨時都會遇到危險，如果在戰場上發生不幸，趙國就會發生大亂。因為之前幾代的君主都是在政變或者反抗政變的過程中即位的，所以他非常希望自己能在生前就將政權交給下一個繼承人。但是他的想法是好的，實際卻是趙國發生內亂的最重要的原因。

　　在肥義的指導下，趙何很快就適應了趙王這個身份，再加上三年的聽政，他已經熟諳治國之道了。但是趙章每次朝見自己的弟弟時

候，都非常萎靡頹廢，這讓趙武靈王非常心痛，因為趙章不管在相貌上還是性格上都更像自己，也非常出色，只是因為自己對一個女人的愧疚，就被無辜地廢掉了，而且還毫無怨言、一如既往地孝敬自己；而他的母親韓夫人賢慧穩重，也深得武靈王的喜愛。所以對於趙章，趙武靈王也是心懷愧疚的。

趙章比趙何大十歲，性格比較強悍，年僅十五歲就能統領軍隊跟隨父親南征北戰，建立無數戰功。在他被廢掉之後，原來齊國的貴族田不禮成為了他的相國。為了自己東山再起的欲望，田不禮多次煽動趙章奪回屬於自己的位置。趙章本來已無心於王位，但是田不禮對自己父親廢長立幼的做法的批評是無可厚非的，聯想起父親對自己和母親的無情，在田不禮的鼓吹之下，趙章開始重新渴望奪回原本屬於自己的王位。

趙章經常與趙武靈王一起行軍打仗，衣食住行均與趙武靈王一模一樣，趙王何雖有隱憂，但卻不便明言。很多大臣因為趙武靈王重新開始重用趙章，都認為他有新的打算，於是很多人都開始和趙章暗中來往。而趙章看見大臣們的這種態度，奪回王位的欲望就更加的強烈了。

在自己做了四年的主父之後，西元前二九五年，趙武靈王打算讓趙章也稱王，把代郡劃分給他。之所以有這樣的想法，一方面是因為對趙章的愧疚，另一方面卻是趙武靈王想要重新執掌政權，所以要將趙何的實權收回來。因為趙武靈王年富力強，在消滅了中山、趕走林胡、消化樓煩之後，他儼然已經成為了北方的霸主。這樣就增長了他

的野心，讓他夢想成為中原的霸主。為了實現這個願望，首先他要做的就是成為趙王，執掌政權。

當趙武靈王提出立趙章為代王的意見之後，肥義很快就知道了趙武靈王的真實目的。而肥義是趙何的老師，所以用「國無二主」這樣很冠冕堂皇的理由拒絕了，同時也暗示趙武靈王重新執政是非常危險的，會給趙國帶來很大的災難。

自從知道趙武靈王產生這樣的想法之後，肥義立刻就向趙何說明整件事情的前因後果。趙何是何等聰明，他當然明白這件事情的嚴重後果，所以立刻和肥義商量對策。肥義首先讓自己的心腹，一個胡人的將領來保護趙何的安全。公子成和大臣李兌知道趙武靈王想封趙章為代王，遭到了拒絕，所以立刻來見肥義，表示支持趙何。同時，趙氏的宗族一個很重要的大臣陽文君趙豹也提醒他們要早做準備，肥義就讓公子成和李兌拿著兵符到城外，準備隨時起兵勤王；同時任命趙豹擔任邯鄲的統領，不准任何外地的兵馬入城。趙王牢牢地控制著兵符，而肥義就負責搜集情報，進行整個戰略的安排。

趙武靈王想讓趙章和趙何互相爭鬥，自己在中間調和，以便重新執掌政權。在這樣的默許之下，趙章也開始行動了。此時，趙何在武靈王的眼中已經不是兒子而是對手了。隨後，趙武靈王讓趙章和趙何陪同自己前往沙丘選擇墓地。在肥義和信期的陪同下，趙何前往沙丘，自己單獨住，而趙章和趙武靈王則住在一起。

在田不禮的挑唆之下，趙章決定先將趙何殺死，然後控制趙武靈王，接著就聲稱自己是受到趙武靈王的命令才稱王的。所以趙章將趙

武靈王的令符拿到手之後，就以主父的名義請趙何來主父宮商量事情。肥義當時就感覺不對勁，決定自己先去看看，並囑咐趙何、信期要加強防衛，事先準備好使者，如果自己不能回來，那麼就意味著發生了事變。如果發生政變，就馬上通知公子成和李兌來勤王。

因為利用主父的名義都已經無法調動趙何了，趙章在一氣之下就將肥義殺害了，接著又讓使者去請趙何過來議事。而趙何看肥義沒有跟著一起回來，知道事變已經發生了。在信期的逼問下，使者告訴他們肥義已經被殺害了。於是趙何馬上就殺了這個使者，立刻率兵包圍了主父宮，並通知了李兌和公子成。在他們到來之前，信期和趙章田不禮的軍隊進行了激戰，知道李兌他們到了沙丘之後才快速地鎮壓下去。

這樣，趙何的軍隊很快就控制了整個局面，田不禮趁亂逃往宋國，而趙章則退到了主父宮。李兌想向趙王請示如何處置他們，但是遭到了公子成的拒絕，他說：「你請示了之後，趙王顧念父兄的情分，很難將他們處死。與其這樣留下禍根，還不如不請示，先斬後奏，趙王也會接受結果的。」於是李兌率兵攻進了主父宮。但是畢竟沒有人敢擔著刺殺主父的罪名，所以李兌將趙武靈王之外的所有人都殺了，只留下他一個人。而趙武靈王被困在主父宮中，三個月後斷糧斷水，活活餓死了。在這之前，趙何一直對趙武靈王的事情不管不問，直到聽到他被餓死的消息，才大哭了一場，之後就下令將趙武靈王厚葬了。父子之情淡漠到這種程度，是在是讓人心寒不已。

觸讋說趙太后

西元前二八八年，在位十年的趙惠文王娶齊愍王的女兒田威為王后，稱趙惠王后威，也稱趙威后。不久生下一子，名丹，即後來的趙孝成王。四年後生下一女，就是後來的燕后；又兩年，生子盧陵君；再二年，生子長安君。

范雎在擔任秦國國相的時候，和魏國的國相魏齊有很深的怨恨，秦昭王為了報答范雎對秦國所作出的貢獻，決定為范雎報仇，於是在西元前二六六年，秦昭王派兵攻打魏國，要求他們交出魏齊。魏王沒有能力保護魏齊，所以魏齊逃到了趙國，在平原君趙勝的家中藏了起來，為趙國也帶來了一場災難。

這一年，在位三十三年的趙惠文王去世，太子趙丹即位，就是趙孝成王。由於趙孝成王年僅十三歲，趙太后開始了她坎坷而又短暫的執政生涯。

因為平原君藏匿魏齊，所以秦昭王寫信威脅趙國，同時也派兵攻下了趙國三座城池。而當時燕國的也不喜歡趙國，這樣一來，趙國只能向齊國求救。但是不料齊國提出要將長安君作為人質才會出兵幫忙。但是長安君是趙太后最疼愛的兒子，英明的趙太后在這件事情上不再開明，下定決心不讓長安君成為齊國的人質。

當時的情況非常危急，秦軍正在一步步逼近，但是趙太后因為捨不得自己的愛子，齊國也就不會出兵援助，國家危亡就在一線之間了。大臣們都紛紛勸趙太后答應齊國的要求，但是趙太后根本就聽不進去任何意見，還下令說，要是還有誰敢說讓長安君去齊國做人質，就不要怪她翻臉無情了。這一下子大臣們都沒有辦法可想了。

　　就在群臣發愁的時候，當時的左師觸龍要求拜見趙太后。太后當然明白他是為了長安君的事情來的，所以怒氣沖沖地等著觸龍進來。觸龍知道太后心中有怒氣，直接說是沒有作用的，所以決定採取迂迴戰術。他慢慢地進來、坐下，還不緊不慢地說：「老臣的腳之前病了，只是自己忍著，想著很久都沒見到您了，內心非常掛念您的身體，所以想來拜見您一下。」

　　因為觸龍沒有提到長安君的事情，所以趙太后也沒有之前那麼生氣了，但是態度也不好，只是淡淡地說了一句：「我也是用車代步的。」接著觸龍又詳細詢問了太后的飲食情況，在得知太后只是吃一點粥之後，觸龍說自己的的食欲也不是很好，出去稍微活動一下才能稍微吃點東西，身體沒有以前那麼硬朗了。這時候太后的臉色才漸漸緩和了下來。

　　這時候觸龍停了停，又說：「我有一個希望，請趙太后做主。老臣有一個兒子叫舒祺，是老臣的孩子裡面最小的，沒有什麼出息。現在我老了，但是又很疼愛他，所以想讓您讓他參加大王的護衛隊來保護王宮的安全。」太后馬上就答應了，接著問他多大了，觸龍說雖然只有十五歲，有點小，但是想在有生之年託付給太后。太后笑著問：

「一般只有婦女才會疼愛小兒子，難道男人也是這樣的嗎？」觸龍回答說：「比女人還要厲害一些。」

趙太后想了一下說，她原本以為女人才最喜歡小兒子呢。觸龍就趁機說道：「我認為您相比於長安君，您更加喜歡到燕國去的女兒。」太后急忙解釋說他最疼愛的就是長安君。觸龍接著說：「假如父母真的疼愛孩子的話，就應該為孩子的將來考慮，作出長遠的打算。在她出嫁的時候，因為離家鄉太遠，您可憐她，抱著她痛哭。但是在她到了燕國之後，儘管您非常想念她，但是在祭祀的時候，您都不希望她回來，難道是您不愛她嗎？當然不是，因為如果她回來的話，就表示她已經被廢掉了，您這樣做還不是為了她的將來考慮，希望她能平安的待在燕國，她的孩子能夠繼承燕國的王位嗎？」趙太后承認他說得很對，她就是希望自己女兒的兒子能夠當上燕國國王，那麼她的子孫才會世世代代成為燕國國王。

觸龍緊接著說：「趙國已經有兩百多年的歷史了，在三代之外，以前趙家的子孫有多少能夠把世襲的爵位繼承下來的呢？」太后如實回答：「這樣的人並沒有。而且在其它的國家也沒有聽說過這樣的人。」觸龍說：「這就是問題的癥結所在了。因為那些繼承爵位的子孫都是依賴著父輩們建立的功勞才能擁有富貴的生活，但是他們自己卻沒有什麼功勞。身在高位，享受榮華富貴，沒有什麼經驗，卻行使著很高的權利，這樣對於國家來說是非常危險的，因為他們本身沒有功勞，地位就非常脆弱，很容易受到別人的攻擊，給自己帶來禍患不說，一不小心就會連累到子孫。現在長安君的地位尊貴，將最肥沃的土地、最貴重的寶物都賞賜給他，但是卻不給他建功立業的機會，在

您去世之後，長安君怎樣才能在趙國長久的待下去呢？所以我認為您疼愛燕后要多過疼愛長安君。」

　　這一番話提醒了趙太后，讓子女為國家建功立業和坐享其成是關乎到他將來命運的重要問題，她趕緊對觸龍說：「您說得很對，我應該為長安君做出長遠的打算。至於他什麼時候去齊國，您就負責安排吧。」於是觸龍就準備了幾百輛車子，裝著很多禮物和生活品，和長安君一起送到了齊國。齊國也兌現了他們的諾言，立刻派兵增援趙國。而秦國看齊國增兵，知道自己撈不到什麼好處，也鳴金收兵了。

蕭相國世家

相國蕭何

蕭何是沛縣豐邑人，是高祖劉邦的同鄉。在劉邦還是平民百姓的時候，蕭何就是沛縣的主吏掾。蕭何利用自己縣吏的職權讓劉邦擔任了亭長一職。蕭何還經常利用自己的職權給劉邦提供幫助，劉邦押送徭役去咸陽時，蕭何就給了他五百個大錢做路費。

秦朝的御史到泗水郡監察工作的時候，蕭何幫助他把事情辦得很妥當，蕭何因此被委任為泗水郡的卒史。後來那個御史想提拔蕭何到朝廷當官，蕭何婉言謝絕了。

劉邦在項羽起兵討伐秦國之後，也投身到了起義的大軍之中，以「沛公」為封號。蕭何就幫助劉邦處理一些日常的事物，算是劉邦的助手。劉邦的軍隊順利進入咸陽之後，很多士兵，包括劉邦自己都急忙搜羅金銀財寶。只有蕭何首先想到了要將秦朝的法律詔令和收藏的圖書典籍妥善保管。在劉邦成為漢王之後，蕭何自然而然地成為了劉邦的宰相，這時候蕭何保管的秦朝政令就發揮了作用，這些材料幫助劉邦在最短的時間之內弄清楚了各個重要關口的人口數量，軍隊的佈防情況，也瞭解了百姓生活的痛苦。著名的大將韓信就是蕭何推薦的，後來借助韓信的妙計「明修棧道、暗度陳倉」，劉邦順利地奪取了三秦地區。

在征戰三秦的時候，蕭何則在後方對巴蜀地區的百姓做一系列的安撫工作，同時負責前方糧食的供應。後來楚漢爭霸的時候，蕭何和太子一起留守關中，幫助太子處理政事。他每次需要建立各種法律制度的時候，總是在得到劉邦的批准後才會去執行，除非事情非常緊急，那麼在他結局之後，還是會將事情的詳細情況彙報給劉邦。

劉邦也不是沒有經歷戰場的失敗，在他兵敗逃走之後，每次蕭何都能將關中的好男兒發動起來來補充兵源，用水路並進的方法運送軍隊的糧草，保證前方軍隊的供應。因此劉邦對蕭何是非常信任的，將後方的事務都交給蕭何打理，劉邦就能安心在前方行軍打仗。

後來，劉邦和項羽成對陣之勢的時候，經常讓使者回到關中慰問蕭何，蕭何身邊的鮑生就對蕭何說：「漢王在外打仗那麼辛苦，但是還經常派使者回來慰問您，說明他已經開始懷疑您了。」隨後蕭何就採納了鮑生的建議，將自己家族中能上戰場的都派到了前線，這樣一來就打消了劉邦的疑慮。果然，劉邦對蕭何也更加的信任了。

劉邦平定天下之後就開始論功行賞了，所有建立過功勳的大臣都封侯拜相了，但是在確定功勞大小的問題上，每一位大臣的意見都不一樣。就這樣一年過去了，功勞的大小還是沒有確定下來。很多大臣都推薦平陽侯曹參為第一名，因為曹參戰功最大；也有人推薦留侯張良，說張良用謀最廣，因為劉邦也稱讚他「運籌帷幄之中，決勝於千里外，子房功也」。

劉邦對大臣的意見不置可否，他認為蕭何的功勞最大，所以給蕭何的封賞也最多。這樣，跟隨劉邦身經百戰的武將開始表示不滿了。

他們認為武將身經百戰，有時還面臨著生命危險，歷經千辛萬苦才能立下赫赫戰功；而蕭何從沒上過前線，只是在後方動動嘴巴，提出一些建議和議論，這樣他的功勞反而在武將之上，也難怪他們會對這樣的封賞不滿了。但是隨後劉邦馬上就用打獵的道理說服了他們：「在打獵的時候，獵狗的作用就是追趕捕捉獵物，但是首先發現獵物的痕跡並指揮獵狗追趕的都是獵人。你們跟著我打仗所立下的戰功就相當於獵狗捕捉到了獵物，但是蕭何就是指揮我們追捕方向的獵人。從另一方面來說，你們跟隨我打仗的人中，除了本人最多只有兩三個親人也在打仗，但是蕭何的整個家族都在跟隨我，所以他的功勞是沒齒難忘的。」大臣們都無話可說。

這時候關內侯鄂千秋趁機說道：「大臣們的意見都有道理，但是並不完全正確。曹參雖然有赫赫戰功，但是也是一時之事。在和霸王對陣的幾年之間，皇上多次兵敗，損失不少兵力，每一次都是蕭何及時從關中派遣軍隊來補充。也許有人會說蕭何沒有得到徵兵的詔令，但是在皇上面臨困境的時候，他卻能及時地幫助陛下解決實際的困難。而且蕭何在後方提供糧草非常得力，戰士們從來沒有因為糧食挨過餓。因為蕭何留守在關中，即使在戰勢非常不利的情況下，還可以利用關中地區的所有條件組織反攻，這樣的功勞比戰勢好時的功勞更長久，可以說是千古流芳的。立戰功很多人都可以得到，但是如果沒有蕭何，他們卻未必能得到這樣的戰功，所以蕭何的功勞理所當然的排在第一位。」

劉邦聽了這萬世之功的一段話，正中下懷，高興地說：「說得好，說得好。」於是就下令定蕭何在功臣中位居第一，並特別賜給他

特殊的禮遇：可以帶劍穿履上殿，入朝拜見時不必同別的臣下一樣小步快走。

　　劉邦又說：「進薦賢能的人應該得到重賞。蕭何的功勞固然很高，但得到鄂君的申說才更加明顯。」遂加封鄂千秋為安平侯。鄂千秋因為這一段話，得到的封賞比立戰功得到的還多。隨後蕭何的父兄子弟等十幾號人都得到不同程度的封賞，還享有食邑。因為劉邦當年去咸陽送徭役時，蕭何比別人多給了他兩百個錢，最後又加封蕭何食邑兩千戶，官拜宰相。

伴君如伴虎

　　西元前一九六年（高祖十一年），因為陳豨反叛，高祖劉邦親自統率軍隊去了邯鄲。所謂屋漏偏逢連夜雨，這一次叛亂還沒結束，這一邊韓信也在關中開始謀反了。劉邦的皇后聽從的蕭何的建議，用計殺死了韓信，劉邦聽說之後，馬上派使者宣佈自己的詔令，任命蕭何為相國，食邑也加到了五千戶，還專門準備了一支由都尉率領的五百名士兵作為相國的護衛。就在人們紛紛向蕭何表示祝賀的時候，只有召平一人沒有恭賀，反而很悲傷。

　　召平是秦朝時期的東陵侯，漢朝建立後淪為平民百姓。為了維持生計，他在長安城東賣瓜，因為瓜的味道不錯，所以人們都叫他「東陵瓜」。召平對蕭何說：「皇上在外邊辛苦打仗，您留守京城，並沒有性命之憂，但是皇上卻特地派了一支護衛隊來保護您，還加封食邑。因為之前您推薦的韓信已經謀反了，皇上必然對您也起了疑心，這樣的封賞不是皇上對您的信任，而是希望您不要接受，並且拿出自己的全部家當捐出來作為軍餉，這樣皇上才會高興。」蕭何馬上就冷靜了下來，立刻按照召平的話去做了，果然深得劉邦歡心。

　　西元前一九五年（高祖十二年）秋天，剛剛平定了陳豨反叛，黥布又起兵反叛，高祖劉邦只好又親自統率軍隊前去討伐。劉邦在軍中

還時不時派遣使者來問相國蕭何在做些什麼，相國蕭何因為有了上一次的經驗，即使是劉邦身在前線軍中作戰，他也努力安撫勉勵百姓，並且把所有的東西都送去供應軍需，比平定陳豨叛亂的時候做得更好了。

召平又一次跑來對相國蕭何說：「您要不了多久就會遭受滅族的慘禍了。您已經位為相國，功居第一，而您從剛進關中的時候起，就深得民心，到現在已有十多年了，百姓們都親附您，您又總是勤勉辦事，深得老百姓的歡心。皇上多次派人打聽你的情況就是因為你功高震主，又深得民心，所以害怕你藉此謀反。您越是盡心盡力，皇上的疑慮就會越重，所以現在您可以盡情地享受一番，多買田地，適當的時候放鬆一下，做點壞事也未嘗不可，這樣才能完全打消皇上對您的懷疑。」蕭何再次聽從的他的建議。劉邦在前線聽到蕭何對朝政不如以前那麼專心了，果然很高興。蕭何又一次保全了自己，也終於體會到了「伴君如伴虎」的深刻含義。

等到高祖劉邦平定了黥布的叛亂，撤軍返回長安的路上。接到百姓們攔路上書告狀，控告相國蕭何用低價強行購買民間的土地房屋，價值數千萬之多。高祖劉邦回到長安的皇宮中以後，相國蕭何前來拜見。皇上笑著對他說：「當相國的竟然侵奪民眾的財產為自己謀利，這個多不好呀。」隨即讓蕭何自己去想辦法給百姓謝罪。

蕭何趁機對劉邦建議說，上林苑滯洪有很多空地，與其就那樣浪費，還不如讓老百姓去耕種，糧食歸百姓，但是秸稈不能收走，就當做上林苑裡面野獸的食物。結果劉邦一聽，龍顏大怒，認定蕭何與商

人相互勾結才打上上林苑的主意，不由分說就將蕭何關了起來，還上了刑具。

之後不久，一個王姓都尉在面見皇上的時候，小心地詢問皇上：「相國究竟犯了什麼罪，皇上要把他關起來呢？」劉邦於是很生氣地說：「當年李斯擔任秦朝宰相的時候，有功勞的部分都說成是秦始皇的，錯誤就自己承擔。但是現在蕭何接受商人大量的金錢賄賂，想讓百姓在上林苑裡面種地，以此來籠絡人心，所以要關起來治他的罪。」

這個都尉聽完之後，勸解皇上說：「向皇上請求對老百姓有利的事情，是自己職責範圍之內的事情，是宰相應該盡的責任。皇上怎麼能輕易懷疑相國會接受別人的賄賂呢？當年皇上和楚軍對峙的時候有好幾年，在陳豨、黥布發動叛亂的時候，陛下親征，相國留守關中，如果相國真的有異心的話，只要稍微行動一下，陛下函谷關的西邊就不會屬於陛下了。既然那個時候相國沒有為自己考慮，現在還會因為這一點錢財而對您有異心嗎？」儘管劉邦聽了這番話很不高興，但是又找不出反駁的理由，所以還是將蕭何放了出來。

蕭何從監獄裡面放出來的時候蒼老了很多，一出來就趕緊去向劉邦請罪。因為平日裡謹慎慣了，所以光著腳去朝見天子，一直跪拜不起來懺悔。劉邦看見蕭何這樣的情態，不禁也動了真感情，趕緊扶起蕭何，並說：「您為百姓請求上林苑的空地，我不答應就是一個昏君，但您是一個英明的宰相，我是故意把您關起來以顯示我的過錯呀。」聰明的蕭何知道這也是劉邦的一種託辭。雖然這次事件算是平息了，但之後，蕭何就更加小心翼翼了。

當年在評論功勞大小的時候，劉邦打獵的比喻就將武將比成了狗，而蕭何卻是功人。當時曹參就是武將中的一員，當時的功勞排在第二，僅次於蕭何，但是因為人和狗的區別，所以曹參一直和蕭何相處得很不愉快。後來蕭何病重，孝惠皇帝去探望他的時候，向他問起了接班人的問題，蕭何知道皇帝的心意，於是說：「皇上身為天下之主，對身邊的大臣都很瞭解，您心中肯定有了適合的人選了。」皇帝又問：「相國您認為曹參怎麼樣？」本以為蕭何會直接反駁，因為他們之間素有嫌隙，但沒想到蕭何反而很高興地說：「陛下終於找到了最適合的人選了，就算是我現在死了，也沒有遺憾了。」蕭何不因為個人恩怨去批評曹參，不僅表明了他的氣度，也說明他真的是一個選賢任能的好相國。

蕭何有一個很奇怪的習慣，他買的房屋總是在很窮困、偏僻的地方，而且也沒有圍牆。很多人感到很奇怪，他說：「如果我的子孫是賢能的，會從中學到簡樸的作風；但如果不是，這樣的房子也不會被別人搶奪。」原來這樣都是為了自己的子孫考慮啊。

蕭何在孝惠帝二年，也就是西元前一九三年的時候去世，諡號文終侯，爵位子孫可以世襲；但是到了第四代的時候，因罪被貶。儘管如此，此後的漢室皇帝一直在尋找蕭何的後人誠信封侯，其它所有的功臣都是沒辦法和他相提並論的。

曹相國世家

蕭規曹隨

曹參是沛縣人，劉邦在蕭何的幫助下擔任亭長的時候，曹參已經是沛縣的獄掾（即看管監獄的小吏）了。當時，曹參與做主吏的蕭何一樣，在縣裡很有名望。

漢高祖劉邦起事以後，曹參跟隨劉邦率領軍隊南征北戰並立下無數戰功，被大臣們譽為漢朝第一開國功臣。但是，當天下得以平定之後，劉邦要的是文治天下，於是讓蕭何做了相國，而將曹參封為平陽侯，並讓他做了齊國的相國。

齊國是悼惠王劉肥的封國，是漢朝最大的諸侯國，有七十座城邑。當時天下初定，劉肥又很年輕。身為相國的曹參，自然擔當起了處理政事的重任。他一上任，便立即把齊國有名望的老人和書生都召來，向他們詢問治理國家的辦法。但是他們各持己見，眾說紛紜，弄得曹參也不知道究竟採用哪一種辦法更好。幾天後，曹參聽說膠西有位精研黃老學說的蓋公，就親自帶著厚禮去向他請教。蓋公對曹參建議道：「治理國家貴在無為而治，也就是說，最好的辦法就是不要過多地干預老百姓的生活，讓他們自行安定。」曹參覺得蓋公說得很有道理，便當即採納了他的建議。隨後，曹參又將蓋公請到了自己的府上，並讓他住進了自己辦公的正廳。從那以後，曹參一般都是按照黃

老學說的要旨來治理國家的。在他擔任齊國相國的九年內，齊國上下一片安定繁榮，所以他被人們譽為一代賢相。

另外，曹參作齊國相國期間，還領兵打敗了起兵反叛的陳豨部將張春的軍隊，後來黥布反叛時，曹參又以齊國相國的身份協助年輕的齊王劉肥，率領十二萬人馬與高祖合力打敗黥布。可以說，曹參為大漢王朝立下了汗馬功勞。

漢惠帝元年（西元前194年），劉邦死後，孝惠帝廢除了諸侯國設相國的法令。於是，曹參被改命為齊國丞相。

次年，漢朝相國蕭何去世。曹參一聽到這個消息，就對家人說：「趕快給我準備行李，置辦行裝，我要到國都去當相國了。」過了沒幾天，朝庭果然派使臣下達了召曹參回朝擔任相國的詔書。曹參與蕭何以前同在沛縣當官的時候，兩人關係很好。後來曹參做了將軍，蕭何做了相國，兩人之間漸漸產生了矛盾，甚至有了隔閡。但是，蕭何並沒有因此記恨曹參，他在臨終之前還向漢惠帝推薦曹參，說只有曹參才有能力接任相國一職。

曹參離開齊國的時候，對接任的齊國丞相囑咐道：「你要留心齊國的監獄，不要讓它成為一個收受賄賂、請託交易的場所，也不要過多地干涉它的事務，一定要讓它發揮正常的職能。」接任的丞相不解地問：「在治理國家的所有事務中，沒有比這更重要的嗎？您怎麼不交代別的，單單交代這個呢？」曹參回答說：「不是這樣的，監獄是善惡並容的地方，如果監獄的制度不完善的話，那麼犯人就沒有容身之地，因此我才把這件事擺在前面，先交代給你。」

曹參擔任了漢朝的相國以後，立即從各郡和諸侯國中挑選了一些質樸而不善言辭的厚道人，召來任命為相國的屬官，讓他們完全沿襲前任相國蕭何的法度做事。把那些說話雕琢、嚴酷苛刻、熱衷於名利的人都給攆走了。而曹參自己則整天除飲酒玩樂以外，幾乎不做別的事。大臣和門客們見曹參不理政事，就紛紛上門來想要勸說他。可是這些人一到曹參的家裡，曹參就立即邀請他們喝酒，喝過一會兒後，有些人又想開口勸說，曹參卻又熱情地勸他們喝酒。因此直到喝醉後離去，始終沒人能夠開口勸說他。這樣時間久了，就沒人再想要去勸說他了。

　　曹參住宅的後花園旁邊是其它官吏的家，那些官吏的家裡整天都歌舞昇平，十分嘈雜。曹參的下屬們很看不慣這種行為，但除了感歎也沒有別的辦法。後來，他們想讓曹參出面去制止他們。於是，他們將曹參請到後花園遊玩，希望當曹參聽到那些官吏家中的喧鬧後會將他們召來，訓斥一番。不料曹參不但沒有這樣做，反而命人擺宴，叫大家坐下一同飲酒作樂。

　　此外，每當發現別人犯了小錯時，曹參總是盡力幫著隱瞞遮蓋，將事情化小。所以，他的相府中一直都是平安無事。

　　當時，曹參的兒子曹窋在惠帝身邊做中大夫。漢惠帝認為，曹參之所以整天不理政事，可能是看不起他這個皇帝，於是就對曹窋說：「你回家後，試著私下問問你父親，就說：『先帝去世不久，現在的皇上又很年輕，您身為相國，卻整天只顧飲酒作樂，什麼事也不向皇上請示報告，那您又如何處理國家大事呢？』」漢惠帝還特意交代曹窋說：「這些話不要說是我讓你問的。」

曹窋回家之後，在與父親曹參閒聊時，假裝不經意地問起了這事。沒想到曹參聽後大怒，打了曹窋一頓，還警告他說：「天下大事不是你這樣的人應當談論的，趕快入朝侍奉皇帝去吧。」漢惠帝知道曹參打了曹窋，也很生氣，就在上朝的時候責備曹參說：「上次曹窋說的話是我讓他規勸你的，你為什麼要懲治他？」曹參摘下帽子，叩頭謝罪道：「懇請陛下好好想一想，您和先帝相比，誰更聖明一些？」漢惠帝脫口而說：「我怎敢與先帝相比呢！」

　　曹參又說：「那麼，陛下認為我和蕭何，誰更賢能一些呢？」惠帝想了一下說：「現在看來你好像是不如蕭何。」曹參接著說：「陛下說得很對。當初，先帝與蕭何在平定了天下之後，就建立了明確完善的法令。如今，我們只要謹守各自的職責，遵循現有的法度，就能很好地治理天下了。」惠帝這時才明白了曹參的意思，高興地說：「你說得很有道理，那你就繼續休息吧！」

　　曹參做漢朝相國時，主張清靜無為不擾民，遵照蕭何制定好的法規治理國家，使西漢政治穩定、百姓安寧、經濟發展，有效地消除了秦末起義、楚漢相爭和漢初平叛以來所帶給人民的戰爭創傷。因為曹參完全遵守蕭何制定的制度和法律，所有的事務都不改變前任的規定，所以歷史上將這一現象稱為「蕭規曹隨」。

留候世家

張良遇黃石公

　　張良（西元前250年-前186年），字子房，韓國潁川郡城（今河南省寶豐縣東部與郟縣東南部一帶）人。他出身於貴族世家，到他父親時，他們家已經是韓國的五朝相國之家了。西元前二三〇年，韓國被秦國滅亡，張良失去了承襲父業的機會，也喪失了顯赫的地位。於是，他懷著國破家亡之恨，開始了他畢生的大業——反秦復韓。

　　然而，當時秦國日益強大，可謂天下無敵，所以張良認為，要消滅掉秦國幾乎是不可能的。於是，他決定放棄這一想法，轉而下決心刺殺秦始皇。

　　西元前二一八年，張良得知秦始皇正在東方巡視，便前往此地拜見滄海君，與他商定刺殺大計。到那後，張良用去家裡所有的錢財請來了一個力大無比的大漢，讓他執行刺殺行動。張良請鐵匠為大漢打造了一個重五十斤的大鐵錘後，開始四處打探秦始皇的行蹤。

　　很快，張良便得知秦始皇馬上就要到陽武縣（即現在的原陽縣）了，於是他就帶著大漢藏在了秦始皇的必經之路上。張良知道，依照當時的規定，天子六駕，即皇帝所乘坐的車由六匹馬一同拉行。所以，他想秦始皇一定就坐在六駕的馬車裡。沒過多久，張良與大漢發

現秦始皇的巡遊車隊來了，可全部都是四駕車，看來秦始皇早就有了防備。他們無法分辨出秦始皇坐在哪輛車裡，只是看到行在中間的那輛車最豪華，於是張良就指揮大漢向該車擊去。大漢揮舞著大鐵錘，猛地向那輛車衝去，只一下就將乘車者擊斃了，整個車隊開始大亂起來。張良見狀，立即趁亂鑽入旁邊的蘆葦叢中，逃跑了。

但是，被大漢擊斃的並不是秦始皇。秦始皇萬分惱怒，當即下令在全國搜捕兇手。張良走投無路，只得逃亡至下邳（今江蘇徐州市睢寧縣古邳鎮），隱姓埋名，靜候風聲。

一次，張良百無聊賴，便出來閒逛，走到沂水橋頭時，看到那裡正坐著一位身穿粗衣爛衫的老人。這位老人見張良走到了他的面前，便故意讓自己腳上的鞋子掉到了橋下，然後蠻橫地對張良說：「小子，下去把鞋給我撿上來。」張良很生氣，但看在老人年邁的份上，還是勉強下橋將鞋撿了上來。誰知老人又蹺起腳來，更加蠻橫地說：「小子，給我穿上。」那時，張良真想揮起拳頭打那無禮的老人一頓。但是，在歷經滄桑和各種磨難之後，他已經成熟了許多，能儘量剋制住內心的憤怒和衝動。況且他想，既然已經把鞋給拾上來了，再幫老人穿上又有何不可呢。於是，他謙恭地跪下，小心翼翼地把鞋子給老人穿上了。張良本以為，自己忍辱為老人拾鞋，又幫他穿鞋，可以換來老人一聲謝謝。可沒想到，老人不但沒有道謝，反而哈哈大笑著離去了。張良深感驚奇，望著老人離去，呆站了許久。但是，當老人走了不遠後，又返了回來，對張良讚歎道：「孺子可教也。」然後，老人又告訴張良，要張良五日後的凌晨在這個橋頭等他。張良雖不明白老人的用意，但見他舉止不凡，而且不像是說著玩的，就恭敬地答應了他。

五天後的清早，天剛發亮，張良就匆忙趕到了橋頭。不料，那老人已在橋頭站了多時，見張良來了，就對他斥責道：「與老年人相會，為什麼遲到？再過五天之後重來。」又過了五天後，張良在雞鳴時分天還未亮時，就已經趕到了橋上，可是這一次又落在了老人後面。老人這次沒有斥責他，只是對他說，再過五天還在這個橋頭等他，說完就走了。

　　第三次，張良索性不睡了，半夜就到橋頭等候。過了好久，老人才到。老人這次很高興，他認為張良已經經受住了考驗，而且他也被張良的誠懇之心和隱忍精神給打動了，於是從袖中掏出一部書授予張良，並對他說：「你讀了這本書以後，就能做帝王的老師了。十年後天下必定大亂，你可用這本書興邦立國。十三年後我會與你在濟北相遇，在這之前，你不要再找我。」說罷，老人揚長而去。這位老人就是夏黃公，也稱黃石公，是一位神秘的隱者。

　　天亮後，張良看老人所授之書，原來是一部《素書》（即傳說已久的《太公兵法》）。張良驚喜異常，從此日夜研習此書，並時刻關注國家大事，後來終於成為了一名深謀遠慮、文武兼備的謀士。

　　秦二世元年（西元前209年）七月，陳勝、吳廣在大澤鄉起兵反秦。不久之後，全國各地也紛紛舉起了反對秦王朝的義旗。在這種形式下，矢志反秦的張良自然也不會落後。他很快就召集了一百多人，舉旗反秦。但是，後來張良見自己勢單力薄，實在難以立足，只好率領手下準備去投奔景駒。途經下邳一帶時，他們遇見了劉邦所率領的起義軍。張良與劉邦一見傾心，兩人相談甚歡。張良多次用《素書》

中的兵法向劉邦提建議，而劉邦也常能領悟其中的道理，並常常採納張良所獻出的謀略。於是，張良當即下定決心，不去找景駒了，改投劉邦。

作為一名謀士，足智多謀固然重要，但能輔佐一位善於納諫的明主才是最重要的。張良深知一點，所以才會轉投劉邦。此後，張良一直深受劉邦的器重和信賴，而正是因為這樣，他的雄韜偉略才有機會得以充分地施展。

漢王十年（西元前197年），劉邦因擔心呂后作亂，便想廢掉太子劉盈（呂后的兒子），而改立趙王劉如意。呂后見高祖心意已決，卻無可奈何，只好向張良求助。張良因考慮到更立太子牽涉太廣，不可隨意進行，所以決定幫助呂后。於是他向呂后建議道：「商山四皓（即隱居在商山的四位白髮老人，分別是東園公、黃石公、綺里季和用里先生），可保太子。」呂后聽了之後，趕緊派人將他們請進了東宮，輔佐太子。直到此時，張良才得以與黃石公相見，前後正好相差十三年。

遠見與卓識

張良是一位既具遠見又有卓識的謀略家和政治家，這是世人公認的，也是漢高祖劉邦承認的。因為，自張良跟隨劉邦之後，經常獻計獻策，輔佐劉邦打了不少勝仗，也向他進諫了不少治國方法，還使他避免了不少錯誤。

漢王二年（西元前205年），劉邦連戰連勝，先後打敗了常山王、河南王、韓王、魏王和殷王這五個諸侯王，並收復了他們的失地，使軍隊擴充到了五十六萬。不久之後，劉邦又趁楚王項羽與田榮交戰之機，率兵討伐楚國的首都彭城，並一舉佔領。

之後，劉邦被勝利沖昏了頭腦，開始變得驕傲、昏庸起來。他不再像以前那樣，每佔領一個地方就立刻採取有利措施，安撫民心，贏得支持，反而大肆收集金銀珠寶，網羅天下美女，整日花天酒地。結果，這卻為返回來報仇的項羽贏得了機會，致使漢軍很快就被楚軍給打敗了。最後，漢軍幾乎全軍覆沒，而以前歸順漢國的許多諸侯王也望風轉舵，轉投了楚國。劉邦甚至顧不上自己的妻兒老小，只帶著張良等數十人，騎馬倉皇而逃。

劉邦等人一路狂奔，直到下邑才停了下來。此時的劉邦驚魂未

定，萬分沮喪。他對手下說：「你們誰能幫我打敗楚國，我就把關東地區一半的土地分給他，我說話算話，你們誰能做到？」別人都沒有吭聲，只有張良獻出了計謀。他讓劉邦利用楚國內部的矛盾，聯合與項羽不和的人，共同對付楚國。他說：「楚國猛將九江王英布很早就與項羽有了矛盾，我們攻打彭城的時候，項羽命令他前去相助，而他卻不聽調令，一直按兵未動。所以項羽十分怨恨他，並多次對他加以指責。另外，當年項羽分封諸侯王時，沒有將彭越封王，因此彭越也早對項羽心懷不滿。而且田榮反楚時，彭越曾參與了謀反，而項羽曾派肖公角討伐過彭越。所以，英布與彭越二人，都是可以為我所用的。還有，陛下手下的大將韓信，可獨當一面，也是對陛下很有幫助的一人。只要陛下能很好地利用這三個人，那麼打敗西楚霸王項羽就是早晚的事了。」

劉邦聽後，覺得此計非常可行，正適合以弱克強時用。於是，劉邦立即派能言善辯的名臣隨何趕往九江，前去策反九江王英布。接著，他又派遣使者前去聯絡彭越。然後，他將大將軍韓信派往北邊的燕、趙等地，去發展壯大漢軍的勢力，等時機一到，就迂迴包圍楚軍。

漢王二年（西元前204年），劉邦被楚軍困在了滎陽，雙方交戰了很久也沒有分出勝負。而漢軍運送糧草的通道也被楚軍截斷了，漢軍出現了糧草匱乏的危機。劉邦焦急萬分，立即向群臣詢問良策。有個叫酈食其的謀士獻計說：「以前商湯打敗夏桀後，把夏桀的後代分封在杞國；周武王打敗殷紂王以後，把紂王的後代分封到了宋國。可是，殘暴的秦始皇消滅了六國後，不斷侵擾六國的帝王后代，致使他

們連立錐之地都沒有。陛下不如重新把六國的後代立為王，六國的君臣和百姓肯定都會感激涕零，歸順於您。之後，再讓他們與項羽作戰，陛下您的力量就比項羽大了，戰勝項羽也就不難了。」劉邦一聽，非常高興，立即派人刻製印璽，準備讓酈食其去辦這件事。

酈食其的計策其實是一種「飲鴆止渴」的辦法，根本就是不可行的，但是劉邦並沒有意識到這一點。在這關鍵時刻，幸好張良外出歸來，他知道劉邦打算實行分封制度時，就趕緊上奏劉邦，陳述利害。他說：「如果照此法行事，陛下您的千秋大業就要毀了。」劉邦問張良為什麼這樣說，張良回答道：「以前不論是商湯對夏桀的後代實行分封，還是周武王對殷紂王的後代實行分封，都是因為他們確有實力控制這些人，並且還有能力在必要時將這些人置於死地。而現在，陛下您有能力控制項羽，甚至在必要時能致其於死地嗎？」劉邦說：「這個我還做不到。」

張良接著說：「這就是不能分封六國後代的第一個原因。周武王打敗殷紂王以後，表彰了商容，重修了比干墓，釋放了箕子，用意是表彰忠臣烈士，鞭策本朝臣民。而現在，陛下您到了旌忠尊賢的了時候嗎？」劉邦說：「這個還不到時候。」

張良又說：「這就是不能分封六國後代的第二個原因，周武王所散發的錢糧，都是因打了勝仗而得來的商國的積蓄。現在，陛下您自己已是軍需匱乏，如果您分封的諸侯國向您要錢要糧，您有能力救濟他們嗎？」劉邦說：「這個我也沒有能力去救濟他們。」

張良最後說：「這就是不能分封六國後代的第三個原因。而第四

個原因是，周武王滅商之後，刀槍入庫，把兵車改為乘車，軍用改為民用。而現在陛下正是用兵的當口，又怎麼能效法呢？第五個原因，過去釋放戰馬和耕牛，讓它們自由生息，是因為天下太平。現今戰爭連年，又怎能息武修文呢？第六個原因，如果把土地都分封給了六國後人，那麼跟隨陛下四處征戰的將士和謀臣最後將什麼也得不到，他們就會去諸侯國追隨新的主人。這樣的話，誰還會跟隨陛下您來爭奪天下呢？第七個原因，現在楚強漢弱，六國必然會屈服於楚國，又怎麼會向陛下稱臣呢？」

張良的分析，鞭闢入裡，且句句切中要害。他從古今形式的不同，極力陳述照搬先古聖賢的做法是不可取的。而且更重要的是，他認為封土賜爵這種極具吸引力的獎勵措施，應該用到跟隨帝王征戰天下的將士與謀臣身上，而不應該用到那些對爭奪天下無關的人身上。

經過張良這一席話，劉邦這才恍然大悟，氣得直大罵酈食其。接著，他立即下令銷毀了已經刻好的六國印璽，從而避免了一次重大戰略錯誤的發生。所以說，張良真不愧是一位具有遠見卓識的謀士。

運籌帷幄

　　當劉邦被楚軍困於滎陽時，北方的韓信卻節節勝利，勢如破竹。當時，韓信不僅成功完成了平定魏、趙、燕等地的任務，而且緊接著又佔據了齊國的故地。韓信自恃功高，便想當齊王，於是派使者去向劉邦請封。使者按照韓信的話說：「齊人詭計多端，狡詐善變，而且齊地的南邊又與楚國相鄰，所以，除非在齊地設王，否則難以安撫民眾。請陛下讓將軍（指韓信）暫代齊王吧！」

　　劉邦一聽就火了，當即罵道：「我被困在這裡這麼長時間了，韓信這個小子不但不來救助我，反而想自立為王⋯⋯」，當時，張良正好就坐在劉邦身旁，他清醒地認識到韓信在楚漢之中作用重大。況且，韓信遠在齊地，他一旦有了反叛之心，劉邦根本就阻止不了。於是，張良連忙在桌子下輕輕踩了劉邦一腳。劉邦也是一個十分精明的人，他立刻就明白了張良的用意，便自悔失言，於是改口罵道：「韓信你也算是一個大丈夫，而大丈夫既然稱王，就要做個真王，當代理齊王幹什麼，我這就封你為正式的齊王。」接著他又對使者說：「回去告訴你家齊王，過幾天我就讓人把大印給他送過去。」大家都知道，劉邦生性耿直愛罵人，這一罵也不足為奇，況且前後銜接自然，所以使者也沒看出什麼破綻，於是就高高興興地回去覆命了。隨後，

劉邦果真派張良帶著齊王印前往齊地，正式冊封韓信為齊王，並讓韓信率兵攻打楚國。

漢王四年（西元203）年，漢軍終於將楚國包圍了起來。一方面，佔據齊地的韓信不斷出兵襲擊楚軍；另一方面，梁地的彭越又屢次出兵，斷絕楚軍的糧道。楚國城中，兵士疲憊不堪，糧草幾近枯竭，百姓也怨聲載道。項羽無奈，只得派人將劉邦的妻兒老小送了回來，並向劉邦請求講和。於是，楚漢雙方商定，以鴻溝為界，東面歸楚國，西面歸漢國，從立約之日起，雙方都要撤兵回國，從此各不相犯。

之後，項羽如約向東回到了彭城。劉邦征戰了幾年也累了，於是就想率兵向西回歸漢中，但卻被張良、陳平等人勸阻了。因為，他二人認為當時項羽正處於腹背受敵的處境中，正是漢軍進攻的好機會。於是他們便一同進諫漢王道：「如今陛下已佔據了天下的三分之二，此時是我們全力消滅楚國的最有利時機。所以，我們應該前去追擊楚軍，否則就等於是放虎歸山，遺患無窮呀。」劉邦覺得此話很有道理，便採納了二人的意見，親率大軍追擊楚軍。同時，他又命令韓信、彭越派人合圍楚軍。

當劉邦等人追到固陵（今河南太康）時，卻遲遲不見韓信、彭越的人前來，結果被項羽打得大敗。戰敗的劉邦躲在固陵的壁壘中，內心焦躁不安，便問身邊的張良道：「韓信、彭越派來的人，為什麼沒有按時到來呢？」此時，張良基本已猜透了韓信、彭越二人的心思，而且也早想出了應對之策，於是說：「楚國很快就要滅亡了，韓信和

彭越二人雖然都已成為了諸侯王，可他們的封地範圍並沒有確定下來，他們是想逼你給他們明確的封地，所以才沒有前來。如果陛下能和他們共用天下，那就滿足他們的心願，要不了多久，他們倆就會趕來了。否則，最後會是什麼的結果，就無法預料了。」

劉邦無奈，只好依了張良的計謀，將陳地以東至沿海一帶劃給了齊王韓信，而把睢陽以北至谷城一帶劃給梁王彭越。隨後，韓信和彭越的援軍果然很快就趕來了。很快，漢軍各路兵馬陸續在垓下（今安徽靈璧縣沱河北岸）會集。韓信首先用「十面埋伏」的計謀將項羽圍困在了垓下，接著又用「四面楚歌」的計謀將楚軍的士氣全面瓦解。最後，項羽徹底戰敗，並被迫自刎於烏江。至此，歷經四年之久的楚漢之戰，以劉邦的最終勝利並奪得全天下而告終。

漢王五年（西元前202年）二月，劉邦正式稱帝，他就是著名的漢高祖。這年五月，劉邦在洛陽舉行慶功盛典，大宴眾位臣子。席間，君臣同飲，相談甚歡。劉邦尤為高興，並稱自己之所以能得到天下，多虧了有「三傑」（即蕭何、張良、韓信）的相助。他還特別稱讚了張良，說他「運籌帷幄之中，決勝於千里之外，吾不如子房（張良的字）」。

當時，大漢王朝雖然已經建立了，但由於群臣意見不統一，漢高祖劉邦一時也決定不下來定都何處。而國都無疑是一個王朝的命脈所在，必須盡早訂立。當時，由於許多大臣都是六國的舊人，都眷戀古都洛陽，所以極力建議劉邦定都洛陽。他們說：「洛陽歷史悠久，且地勢優越，易守難攻，堪為定都的首要之選。」而齊人婁敬求卻說：「關中地勢險要，自古就是兵家必爭之地，所以應該在此建都。」

劉邦猶豫不決，只好向張良請教。張良對他說：「洛陽條件雖好，但它的腹地太小，方圓只有數百里，而且土地貧瘠，還容易四面受敵。而關中不但地勢險要可固守，而且在那裡能很好地控制東方各諸侯；並且，那裡不但土地肥美，而且物產豐富，幅員遼闊；那有黃河、渭河兩大河流，開通漕運，不但可供給京城所需，而且還能及時為守候東部邊疆的將士提供糧草。所以說，那裡最適合成為國都了。」

　　劉邦聽罷，當即決斷定都關中。漢王五年八月，劉邦正式遷都於長安。

陳丞相世家

奇士陳平

陳平，西漢陽武縣（今河南省原陽縣）戶牖鄉人，著名的謀士，西漢的開國功臣之一，官至右丞相。

陳平自幼家貧，且父母早亡，他與唯一的哥哥相依為命。雖然家裡很貧窮，但陳平很喜歡讀書。哥哥心疼陳平，就讓陳平出外求學，自己獨自擔當起了養家糊口的重任。

陳平長大後，身材高大且相貌堂堂。有人就很不解地問陳平說：「你家那麼窮，你居然還能長得這麼魁梧，你們家到底每天都吃什麼呀？」當時，陳平的嫂子也在場，她因恨陳平不顧家，不勞動，就生氣地說：「我們還能吃什麼，不就是吃糠咽菜嗎。有這樣四肢不勤、五穀不分的小叔子，還不如沒有呢。」陳伯聽到這些話，十分生氣，就休了自己的妻子。可見陳伯對自己的弟弟真是非常的好。

等陳平到了該娶妻生子的年齡時，婚事卻一再被耽擱。因為，他想娶富人家的女兒，可富人家的家長都不同意，但娶窮人家的女兒吧，他又感到羞恥。過了很久之後，當地有個叫張負的富人，他的孫女先後嫁了五次，而五個丈夫都死了，所以，人們認為此女命中剋夫，就沒有人再敢娶她。但是陳平不怕，他覺得能娶到此女也不錯。

說來也巧，剛好有戶人家辦喪事，陳平就去幫忙，以賺點錢補貼家用。而富人張負到喪家祭拜時，碰巧遇見了高大英俊的陳平，便一眼相中。那天晚上陳平回家時，張負就悄悄跟在了他的身後。到了陳家後，張負發現陳家雖然身居陋巷，貧窮異常，但他家的大門口卻有很多馬車輪印，這說明他家經常有富人出入。張負心下歡喜，當即決定把孫女嫁給陳平。張負回家後，立即召來兒子張仲說出了自己這一想法。張仲卻不同意，他說：「陳平家裡很窮，可他又從不勞動，他連自己都養活不了，又拿什麼來養活妻兒？」張負說：「陳平不是一般的人，不會長久貧困下去的，他遲早會有飛黃騰達的一天。」張仲還是不肯，但見父親張負一再堅持，再加上自己的女兒確實很難再嫁出去了，最後只得同意把女兒嫁給陳平。因為陳家貧窮，張家就主動借給了陳平一些錢，讓他前來行聘，而且還替他置辦了結婚酒席。孫女出嫁那天，張負還告誡她說：「不要因為陳家窮就看不起他們。你要好好對待陳平，侍奉兄長陳伯也要像侍奉父親一樣。以後你就明白爺爺的苦心了。」自從娶了張氏以後，陳平的生活逐漸寬裕起來，而他的交際也日益變廣。

有一次，陳平所在的村裡祭祀完土地神后，要把祭祀用過的豬肉分給鄉親們。根據大家的一致推薦，陳平做了主持割肉的人。他以公辦事，把祭肉分配得很均勻，得到了鄉親們的稱讚。陳平感慨地說：「要是讓我治理國家，我也會像分肉一樣的公平啊！」

西元前二〇九年，陳勝起兵之後，派兵平定了魏國，並擁立魏咎為魏王，對抗秦朝。陳平見時機已到，於是辭別兄長和妻子，投到了魏王咎的門下，做了太僕。陳平曾多次向魏王出謀劃策，可惜都沒有

被魏王採納。後來，那些與他政見不一的人又屢次到魏王那裡說他的壞話，魏王從此對他更加疏遠了。陳平心灰意冷，只好偷偷離去，轉投項羽，做了一名謀士。不久後，他跟隨項羽攻打關中並立下了大功，於是被項羽賜封了卿一級的爵位。

後來，劉邦在平定三秦時向東進攻楚軍，而殷王又背叛了楚國。項羽想親自率兵迎戰劉邦，但平定殷王的叛亂也是當務之急。這時，項羽想到了陳平，於是就冊封他為信武君，並讓他率兵前去平叛殷王。很快，陳平就打敗並收復了殷王，回朝後得到了項羽的嘉獎，被任命為都尉，而且還得到了二十鎰賞金。可是不久後，當劉邦去攻打殷王時，殷王又投向了劉邦。項羽非常惱怒，痛斥陳平當初為什麼不殺了殷王。陳平害怕被項羽殺害，便趁天黑逃離了楚地。

陳平直奔漢軍而去，到修武時，在魏無知的引薦下，同另外七個前來投奔的人一起拜見了漢王劉邦。劉邦設宴款待他們，宴會完後劉邦對他們說：「現在你們都吃好了吧，那就先到客捨去休息吧。」其它六人都正要離去，只有陳平站起來，躬身對劉邦說：「我有要緊事要啟奏陛下，不能拖過今日。」劉邦覺得他很與眾不同，便問他：「在楚軍時，你擔任的是什麼官職？」陳平回答說：「都尉。」劉邦二話不說，就任命他做了都尉。

眾將得知此事後，都很不服氣，於是紛紛喧嘩道：「陛下，他只是楚國的一個逃命人，而且本領如何還不知道，您怎麼能讓他來監督我們呢？」

周勃、灌嬰等也在劉邦面前詆毀陳平說：「陳平生得美，其實好比帽子上的美玉，中看不中用，他未必有真才實學。我們曾聽說，陳

平是因在家與其嫂私通，事情敗露後在鄉里待不下去了，這才參了軍。可是在魏王那裡無法容身，又逃到了楚。現在他又與楚王不和，來歸附我漢國。陛下您不但不嫌棄他，反而委以重任，可是他並沒有感恩圖報，恪盡職守。我們還聽說，陳平還私自向將領們收受賄賂，請陛下明察。」

劉邦一聽，也開始懷疑陳平了，就召來魏無知，責問他為什麼給他舉薦了這麼一個人。魏無知說：「我是說他很有才能，但並沒有說他品行多好呀。現在陛下正處於爭奪天下的時候，正需要一些有計有謀的奇士，至於品行什麼的，現在沒必要顧及太多，等奪得天下以後，再去考慮也不遲。」

劉邦還是不放心，便又召來陳平，責問他道：「先生先是跟隨魏王，後又轉隨楚王，現在又跑到了我這裡，我想知道你真是一個三心二意的人嗎？」

陳平平靜地回答道：「我離開魏王，是因為他從不採用我的建議；我離開楚王，是因為他從來都不真正地信任我。」陳平知道有人在劉邦面前說了他收賄賂的事，現在劉邦雖沒有提出來，他也不覺得理虧，於是又說：「我到陛下這來的時候，身無分文，但是沒有錢財是什麼都辦不成的，所以我只能靠適當收取些錢財來做好自己的事情。我已經向陛下提出了一些建議，陛下您應該也看過了，如果您覺得那些建議是不值得採納的，那麼我就將所收取的錢財一併交還官府，並辭職回家。」

劉邦覺得他的話很有道理，而且他所提出的建議也很不錯，於是趕緊向他道歉，並賞賜給了他很多財物，而且還升遷他做了中尉。

列傳

伯夷列傳

伯夷和叔齊

　　伯夷與叔齊，分別是孤竹國國君的長子和三子。兩人雖生長在帝王之家，卻沒有一般王子那爭風吃醋、嫉兄妒弟的習氣，反而從小互相愛護，關係甚好，而且又都很賢明，所以深受後人景仰。

　　孤竹國是商王室所封的同姓諸侯國。孤竹原叫墨胎氏氏族，屬商先族的一個旁支，是一個游牧民族。在商部落南下中原時，孤竹氏逐漸與部落聯盟分離，開始獨立存在。後來，他們又輾轉到了燕山腹地，在今遼寧省朝陽地區定居了下來，開始由純游牧發展為游牧、農耕並舉。

　　商朝建立後，墨胎氏被封為君，其封地西至今唐山市、遷西興城鎮，東達錦西，與渤海相鄰，北抵凌源、朝陽、老哈河，西南到樂亭、唐海等地。

　　孤竹國從立國到滅亡，一共存在了九百四十多年（約西元前1600年-西元前660年）。它的出現具有劃時代的意義，因為它標誌著今冀東地區文明史的開端，距今約有三千六百多年的歷史。

　　商朝中期時，孤竹國的疆域逐漸擴張，已西至灤河，東達錦西，北抵青龍縣北，南到渤海灣。

到了商朝後期，孤竹國君生了三個兒子，其中，長子名允（即伯夷）；三子名智（即叔齊）。孤竹君生前就想立叔齊為儲君，希望他將來能繼承王位。但是後來孤竹君突然死了，而儲君之位還一直空缺著。大臣們一致推薦伯夷當國君，因為按照當時的常禮，王位應該由長子來繼承。但為人清廉正直的伯夷卻堅決不當，他認為應該遵循先父的遺願，讓弟弟叔齊來即位。為了讓叔齊當上國君，伯夷偷偷逃出了孤竹國。大臣們無奈，只得又推舉叔齊當國君。誰知，叔齊也不當，他認為如果現在自己當了國君，那就是對兄弟不仁義，對禮法制度不尊重。於是，他也逃出了孤竹國，並找到了流浪在外的長兄。從此，二人一起生活，再也沒有回過孤竹國。孤竹國人沒有別的辦法，只好讓孤竹君的二兒子當上了國君。

　　其實，伯夷與叔齊讓位還有另外一個原因，那就是他們十分不滿當時商紂王的暴政，不願意為這麼一個慘無人道的君王做事。他們一同隱居在渤海之濱，希望能早日等來清正平和的世道。

　　後來，他們聽說西方的周族正在興起，而周文王又是一位德行高尚的人，於是決定一同到周國去。兄弟二人從東夷出發，跋涉了很久，終於到達了周國道的都城岐山（今陝西岐山縣）。但是，那時周文王已死，即位的是他的兒子周武王。周武王一聽有二位賢人到來，便馬上派周公姬旦去迎接他們。周公接到他們後，對他們盟誓道：「武王已答應會給你們發第二等的俸祿，而且還會給你們與之相應的官位。」不料，他們二人相視一笑，說：「怎麼，這裡也沒有我們所追求的那種仁道嗎？」他們很後悔來到了周國，但他們已經無力再返回去了，只好留了下來。

後來，武王用車載著裝有其父周文王的棺木率軍前去討伐商紂王。伯夷、叔齊見狀，不顧性命擋在了武王的馬車前，向武王諫阻道：「父親死了卻不安葬，大動干戈去打仗，這難道是孝的行為嗎？身為臣子卻要去殺害國君，這難道可以算做仁德嗎？」周武王左右的人要殺掉他們，卻被姜子牙制止了。姜子牙對周武王說：「他們都是講道義人啊，請武王您釋放了他們吧。」周武王同意了，並讓姜子牙將二人扶走了。

西元前一〇四六年，周武王與商紂王在牧野決戰，最後周武王獲勝，商朝滅亡。

隨後，周武王建立新朝周朝，而他自己也成了天下的宗主。伯夷與叔齊因歸順西周而深感羞愧，並以商朝遺民自居。為了表示氣節，他們隱居在首陽山下（今山西永濟西），不願意做周朝的官，也不再吃周朝的糧食，每日僅以山上的野菜為食。周武王曾多次派人請他們下山，並答應以天下相讓，但是都被二人拒絕了。

有一天，伯夷、叔齊二人正在採野菜，碰到一位老人，老人對他們開玩笑道：「你們二位以不食周粟標榜自己對前朝的忠心，但是你們不知道『普天之下，莫非王土；率土之濱，莫非王臣』的道理嗎？你們雖說不食周粟，但是你們吃的野菜不也是周朝的嗎？」老人的話提醒了他們，於是他們就連野菜也不吃了。到了第七天，快要餓死的時候，他們唱了一首歌，歌詞大意是：「登上那首陽山哪，採集野菜充饑。西周用殘暴代替殘暴啊，還不知錯在自己。神農、舜、禹的時代忽然隱沒了，我們的歸宿在哪裡？哎呀，我們快死去了，商朝的命運已經衰息。」最後，他們活活餓死在了首陽山腳下。

伯夷、叔齊二人以賢名流芳於世，而正是因為這個，周武王在立周以後才沒有發兵攻打孤竹國，還將其封為了周王朝的異姓諸侯國。但此後，孤竹國逐漸衰落，到了西周某年，它的版圖已明顯縮小了很多。

　　周惠王十三年（西元前664年），山戎出兵討伐燕國國，燕國向齊國求援。齊桓公在打山戎的時候，趁勢滅掉了孤竹國。從此，孤竹國就在歷史上消失了。

管晏列傳

管仲與晏子

管仲就是管夷吾，齊國潁上（今安徽省潁上縣）人。他的祖先是周朝時的貴族，他的父親管莊曾做過齊國的大夫，後家道中落，等到了管仲這一代已經很窮困了。迫於生計，管仲曾外出經商，到過許多地方，也接觸過很多人。因為見多識廣，社會經驗豐富，他也曾三次做官，但由於沒遇到好機遇，都以失敗告終。

管仲年輕時與鮑叔牙要好。後來鮑叔牙侍奉齊國的公子小白，管仲侍奉公子糾。等到小白成為齊桓公後，殺了公子糾，並把管仲囚禁了起來。鮑叔牙知道管仲很有才幹，於是就向齊桓公推薦他。大度的齊桓公不計前嫌，對管仲委以宰相的重任。從此，管仲開始竭力輔佐齊桓公。管仲上任後推行了一系列改革，使齊國逐漸強大起來，並使齊桓公成為了春秋時期第一個霸主。

管仲無論辦什麼事情，都以百姓的好惡為準則，事事順應民心，從而使桓公日益深得民心，為齊國的穩定和發展奠定了基礎。他說：「倉庫充實了，人才會知道禮儀和節操；衣食富足了，人才會懂得榮譽和恥辱。如果當君主的能帶頭遵守法度，那麼做百姓的才會家庭和睦。對一個國家來說，如果不能讓禮義廉恥得到伸張，那麼它離滅亡也就不遠了。國家所頒佈的政令，要想要暢通得像河流一樣無阻，就必須順應民心。」

管仲處理政事，善於化災難為福利，變失敗為成功。他辦事時能夠把握住輕重緩急，並能權衡出利弊得失。另外，他還十分重視控制物價，並非常謹慎地處理財政。他利用齊國地處海濱的有利條件，大力發展流通貨物之業，為齊國逐漸積聚起了很多財富，從而使齊國變得日益兵強馬壯。

管仲不但具有很高的政治才能，而且也具有很強的軍事才能。當齊桓公南下發兵攻打蔡國的時候，管仲以為這也是征伐楚國的好機會，於是便建議齊桓公以責怪楚國不向周天子進貢包茅為由，順便攻打了楚國；當齊桓公北上攻打山戎時，管仲巧妙地借助這個機會迫使燕國恢復了召公的政令；當到了柯地會盟時，齊桓公本想毀了同曹沫之間的盟約，而管仲卻借助這個盟約建立了齊桓公的信義，使各個諸侯都來歸附齊國。

管仲任齊相以後，自己家也逐漸富裕起來，到了最後，他家的財富和齊國公室不相上下。雖然他家有三座供遊賞用的高臺，堂屋中還設有專門供放置酒器用的土臺，但是在齊國人的眼裡，管仲生活得並不奢侈。

管仲死後，齊國所遵照的政令法規還是他制定的，所以齊國一直都比別的諸侯國強大。到了一百多年以後，齊國又出現了一位能人晏子。

晏子就是晏平仲，名嬰，齊國夷維（今山東高密）人，服侍過齊靈公、齊莊公、齊景公三位國君。晏子身材不高、其貌不揚，以生活節儉、勤於政事、謙恭下士著稱。他雖官居齊相，但每頓飯中的肉食

只有一樣，他的妻妾也都穿著粗布衣服。他在朝廷上一向謹言慎行、嚴肅辦事。當國君賢明時，他就順命行事，而當國君昏庸時，他便自己權衡著去辦事。正是由於這樣，他才能在三朝中都聲名遠揚。

齊國有個叫越石父的人，很賢能，但犯了罪被拘禁了起來。晏子外出辦事，在路上遇見了他，就用自己車輛的左馬為他贖了身，並讓他同自己一起坐車回了家。回到家以後，晏子就進內室去了，過了很久都沒有出來。越石父很生氣，就要求與晏子斷交。晏子聽了，十分吃驚，趕緊鄭重地向他道歉，然後問：「我雖冷落了您，但畢竟幫您脫離了困境，您怎能與我斷交呢？」越石父回答說：「我曾聽說過，君子受辱，是因為與不瞭解自己的人待在一起；君子受敬，是因為與知己待在了一起。我被囚禁，是因為那些人不瞭解我。您既然把我贖了出來，就是瞭解我的，也算是我的知己了。在知己這裡被無禮對待，還不如被囚禁呢。」晏子聽罷，頓覺慚愧，於是立即將越石父請進了內室，奉為上賓。

晏子任齊國的宰相時，有一次外出，從他的車夫家門前經過。車夫的妻子隔著門縫，偷偷看自己的丈夫，發現丈夫在為宰相駕車時，顯得十分得意。車夫的妻子很生氣，等車夫回到家以後，她就對車夫說：「我要離開你。」車夫問她為什麼。妻子說：「晏子身高不足六尺，可他卻當上了宰相，聲名遠揚。而你身高八尺，卻只是個車夫，而且還很心滿意足。我看不慣你這種驕傲無知的人，所以才要離開你。」車夫一聽，自覺羞愧，當即發誓以後一定改過自新，做一個謹慎謙虛的人。此後，這位車夫果真像變了一個人。晏子感到很奇怪，就問他發生了什麼事，車夫如實作了回答。晏子聽後，覺得他是一個可塑之才，就推薦他做了大夫。

有一次，晏子出使到了楚國，楚王知道晏子身材矮小，便想藉此來取笑他，於是命人城門旁開了一個小門，請晏子從小門進去。晏子很清楚楚王的用意，便嚴詞拒絕道：「我聽說，到了狗國，才從狗門進去，而我現在是到了楚國，不應該走狗門。」聽晏子這麼一說，接待他的出國官員只好請晏子走大門。晏子進去後，就拜見了楚王。楚王見一計不成，就又想捉弄他，於是故意問：「你們齊國是沒有別人了，所以才派你來的嗎？」晏不慌不忙地答道：「我們齊國在派使節出訪方面是很講究的。如果是出使有德的國家，就派那些精明能幹的人去；如果是出使那些無德的國家，就派那些愚笨無能的人去。我在所有的使臣中，是屬於最愚笨、最無能的人，所以才會被派到楚國來。」聽了晏子的這番話，楚王氣得啞口無言。

　　但是楚王還是不死心，又一次設計取笑晏子。當楚王正設宴招待晏子時，突然有兩名士兵帶著一個被捆綁著的人來見楚王。楚王故意高聲問道：「此人是什麼人，犯了什麼罪？」士兵回答道：「他是齊國人，犯了盜竊罪。」楚王得意地看著晏子說：「你們齊國人難道天生就喜歡做盜賊嗎？」誰知，晏子還是不慌張，他站起來一本正經地說：「我們大家都知道，橘子長在淮河南邊就是橘子，而長在淮河北邊就變成枳子，這是因為水土不同的緣故。齊人在齊國時是良民，到了楚國反而成了盜賊，難道是因為你們楚國水土的緣故，他才變成了盜賊嗎？」聽了晏子的話，楚王只得苦笑著說：「以前聽說與聖人交談時是不能開玩笑的，否則就會自討沒趣，我一直不信，直到今天終於相信了。」

　　晏子憑自己的智慧使齊國的國家尊嚴和自己的人格都免受侮辱，從此名聲日益擴大，成為了春秋末期一位著名的外交家。

老子韓非列傳

老子和莊子

老子，又稱老聃，原名李耳，字伯陽，道家始祖。楚國苦縣厲鄉曲仁裡（今河南省鹿邑縣太清宮鎮）人。他是中國古代最偉大的思想家和哲學家之一。

老子出生於西元前五七一年。那年，宋國與楚國交戰，他的父親老佐被宋平王任命為上將軍指揮全軍，後不幸陣亡。當時老子的母親還未生下老子，挺著大肚子由家將護送著逃到了陳國相邑（今河南鹿邑東）。到那後沒不久，老子就出生了。老子的母親見老子生著一雙大耳朵，便將他起名為「聃」。老聃從小就很聰明，且喜歡讀書，愛好靜思。長大後，他因博學多才，被任命為周朝掌管藏書室的史官。春秋時期，為了表示尊敬，人們稱學識淵博者為「子」，所以老聃就被稱為了「老子」。

一次，孔子去拜訪老子，向他請教關於禮的學問。老子說：「其實所謂的禮，就是宣導它的人屍骨都已經腐爛了，而他的言論還存在於世。君子要品德高尚，更要謙虛謹慎。把你的那些欲望、大志、傲氣都拋掉吧，因為它們對你是有害而無利的。我能跟你說的也只有這些了。」孔子回去後，對他弟子們說：「鳥兒雖然會飛翔，但我們還是可以利用弓箭抓到它們；魚兒雖然會游泳，但我們還是可以利用魚

鉤捉到它們；野獸雖然能奔跑，但我們還是可以用陷阱捕獲它們。但是對老子這樣的人，我們是什麼辦法也沒有呀。」

後來老子的母親去世了，老子悲痛欲絕，許多天都不進飲食。經過一番沉思之後，老子這才恍然大悟，他說：「人與人之間之所以和諧而溫暖，是因為人類具有感情；人之所以能明事理，會辦事，是因為人類擁有智慧。如果用感情來駕馭智慧，那麼人就會變得昏庸而做事顛倒；如果用智慧來約束感情，那麼人就會變得聰慧而辦事合理。」

西元前五一六年，老子辭官歸隱。有一天，他騎著一頭青牛去西方雲遊。到函谷關前時，關尹忽然看見天上紫雲聚集，由東方飄來，便自語道：「紫氣東來，看來是有位聖人西行至此了。」於是，他趕緊命人打開城門，清掃街道，夾道相迎。過了一會，只見一位白髮長耳老者，倒騎青牛而來。關尹連忙奔上前去，跪在青牛前懇求道：「身為聖人，從不把自己的才智據為己有，而是會把讓天下人變得聰明當做自己的責任。您就要隱居了，請給我們寫一本書吧。」老子欣然答應。

於是，老子以王朝興衰、百姓禍福為鑒，追溯它們的原因，著成《道德經》一書。此書分上、下兩篇，共五千字。上篇《道經》說：「道可道，非常道；名可名，非常名……」，講的是宇宙本根，含天地變化的玄機，蘊陰陽變幻的奇妙；下篇《德經》說：「上德不德，是以有德；下德不失德，是以無德……」，講的是處世之方，含人事進退的藝術，蘊延年益壽的方法。

傳說老子很長壽，有人說他活了一百六十多歲，也有人說他活了

兩百多歲，這可能是因為他平日修道養心的原因吧。

莊子，又稱莊周，字子休。本是楚莊王后裔，後因戰亂遷至宋國蒙（今河南商丘東北），是道家學說的主要創始人，與老子並稱為「老莊」。他們的哲學思想體系被思想學術界尊為「老莊哲學」。

莊子曾做過漆園吏，和梁惠王、齊宣王是同一時代的人。莊子家境窮困，卻鄙視富貴、權勢，追求人格獨立、精神自由。他學識淵博，思想開闊，而他的中心思想卻源於老子學說。他一生一共撰寫了十餘萬字的著作，但大多都是託詞寄意的寓言。主要作品有《漁父》、《盜跖》、《胠篋》、《亢桑子》等。

莊子善於運用比喻、假借等修辭手法，以駁斥儒、墨學說。他善於抒情，文筆華麗，語言豪放，但只適合自己的性情，不能為朝廷所用。所以，自王公大人起，都無法任用他。

後來，楚威王聽說莊子很賢能，就派使臣帶著千金前去拜見他，請他出任宰相。莊周笑著對使臣說：「千金的確是厚禮，卿相也的確是尊貴的高位。但是，難您道沒見過祭祀用的牛嗎？辛辛苦苦餵養它好幾年，然後給它披上花綢，把它牽進太廟，只是為了讓他去當祭品。這時，它即使想做一頭小豬，難道有那個自由嗎？您還是快走吧，不要玷污了我的名聲。我寧願做小水溝裡一條自由自在的小魚，也不願成為國君的寵物。為了能身心愉快地生活一輩子，我是不會去當官的。」

有一天，莊子與惠子外出遊玩。到了一座橋上時，莊子指著河裡的遊魚說：「您看，魚兒游得多麼從容自在，這就是魚兒的快樂呀。」

惠子笑著問道：「你又不是魚兒，怎麼知道魚兒的快樂呢？」莊子也笑反問道：「你也不是我，怎麼知道我不知道魚兒的快樂呢？」惠子說：「我當然不是你，所以不知道你的知道。然而你也不是魚，所以你肯定也不知道魚的快樂。」莊子說：「剛才你問我『您怎麼知道魚兒的快樂呢』，這說明你也知道我是知道魚的快樂的。現在我告訴你：我是在橋上知道魚的快樂的。」於是，兩人一同哈哈大笑起來。

莊子提倡無用，認為大無用就是大有用，因為他認為自然的比人為的要好。他的這種提倡，是對道家學說中「道法自然」、「無為即是有為」的學術思想的深化。

有一天，莊子與弟子在山腳下散步，見一株大樹聳立在小溪旁，枝繁葉茂，特別顯眼。而旁邊的伐木者對它毫不理睬，只顧砍伐別的樹木。莊子忍不住問伐木者：「請問師傅，這麼好的木材，怎一直無人砍伐以至於它能長這麼大？」伐木者回答說：「這有什麼好奇怪的，這種木材好卻不中用。用它來作船，它會沉入水中；用它來作棺材，它很快就會腐爛；用它來作器具，它又很容易毀壞；用它來作門窗，它脂液不會乾；用它來作柱子，則容易受蟲蝕。這就是不成材的樹木，沒有什麼用處，所以才能長這麼大卻沒有被砍掉。」

聽了此話後，莊子若有所思。回去的路上，他對弟子說：「這棵樹因為不成材才能長這麼大，沒有用才免遭砍伐。長有白額的牛被巫師認為是不祥之物，所以祭河神時才不會把它們投進河裡；殘廢的人不會被徵兵去打仗，所以能活到老。所以說，樹不成材，就可以避免禍事；人不成才，也可以保存自身呀。」最後，莊子還總結道：「那些有用的樹木，原來都是被自己砍伐的呀。人人都想成為有用的人，卻沒有人知道：原來，沒有用才是最有用的呀。」

韓非與《說難》

　　韓非（約西元前281年-前233年），是韓國王公之子，生活在秦始皇統一中國的那段時間。他是法家思想的集大成者，又是中國古代著名的政論家、哲學家和思想家，被後世稱為「韓子」或「韓非子」。他從小愛好刑名法術的學問，雖有口吃的缺陷，不善於言辭，卻擅長於著書立說。

　　在戰國七雄中，韓國是最弱小的國家。戰國後期，韓國更是積貧積弱。韓非多次上書韓王，希望改革法制，振興國家，但是他的建議最終都沒有被採納。韓非對朝廷失去了信心，便隱退，全心著書。他先後寫出了《孤憤》、《五蠹》、《說林》、《說難》等著作，都非常有名。

　　其中，在《說難》一書中，韓非明確地說出了遊說的困難性。他在這本寫中道：造成進說困難的原因，不在於不能夠闡明意見，而在於不能瞭解進說對象的心理。對那些想要追求美名的進說對象，你如果用厚利去進說，就會顯得節操低下，必然得不到採納；對那些想要追求厚利的進說對象，你如果用美名去進說，就會顯得脫離實際，必定也不會被接受；對那些暗地追求厚利而表面追求美名的進說對象，如果你用美名去進說，就會得到表面上的錄用而實際上的疏遠，但如

果你用厚利去進說，你的主張就會暗暗被採納。所以說，在進說之前，您必須先弄懂進說對象的心理。

凡是成功之事，都是因為保密措施做得好；凡是失敗的事情，也都是因為洩密的緣故。如果你洩露了機密，就會惹來殺身之禍；如果君主想借機辦點別的事，你知道了他的意圖，也會惹來殺身之禍；如果你籌畫了一件讓君主滿意的事，卻被人猜測了出來，君主一定認為是你洩露的，你同樣會惹來殺身之禍。

當君主還沒有完全信任你的時候，雖然你的主張得以實行並獲得成功，但你的功德君主是記不住的；而如果你的主張進行不順利遭到失敗，那麼君主就會對你產生懷疑，而你就會面臨危險。

當君主犯了過錯時，如果進說者言禮義來挑他的毛病，那麼就會面臨危險；當君主的計謀得當他想自以為功時，如果進說者正好也知道這個計謀，那麼也會面臨危險。

如果進說者在君主面前議論大臣，就會被當做是想離間君臣關係；如果在君主面前談論近侍小臣，就被當做是在借貶低別人來抬高自己。所以，進說者如果和君主談論他喜歡的人，就會被當做是拉關係；如果和君主談論他厭惡的人，就會被當做是搞試探。進說者如果說話直截了當，就被當做是不聰明；如果談話瑣碎詳盡，就會被當做是太囉嗦。如果簡略陳述意見，就會被當做是怯懦；如果謀事空泛放任，就會被當做是粗野。

這些都是進說的困難，對於進說者來說，是必須知道的。

進說的要領，其實就是要善於對進說對象所自誇的事情加以粉飾，而對他所自恥的事情加以掩蓋。如果君主有些私事需要急辦，那麼進說者一定要鼓勵他去做，並說這是合乎公義的；如果君主產生了某些卑下的想法，那麼進說者一定要讓他去做，並竭力將其粉飾為美好的；如果君主對某事有了過高的企求，而實際上卻辦不到，那麼進說者既要想辦法揭示它的壞處，並讚揚他沒有去做；如果君主想自誇才智，那麼進說者就要幫他列出依據，並假裝不知道他的用意。如果進說者想要進獻與人相安的話，那麼就須用好的名義加以闡述，並暗示它怎麼符合君主的私利；如果進說者想向君主陳述有危害的事，那麼就要名言它的害處，並暗示它對君主有哪些危害。當進說者向君主稱讚與他行為相同的一個人，或者籌畫與君主考慮相同的一件事時，就要對這個人或這件事的好處大加讚賞，而要對其壞處加以粉飾。當君主自誇其強大時，就不要讓他做為難的事情；當君主自以為果斷時，就不要數說它曾經的那些過失；當君主自認為計謀高時，就不要提起他以前的那些敗績。總的來說，進說者要想充分發揮自己的才智，就要懂以下兩點：其一，不要說違背主旨的話；其二，不要用牴觸的言詞。如果能做到這兩點，那麼進說者就能得到君主的親近，而且還能在君主面前暢所欲言。

為了求得君主重用，伊尹曾當過廚師，百里奚曾做過奴隸。這兩個人雖都是聖人，但他們為了求得進用也不得不先做一些低賤的事情。如果能人志士能把我的話看成像廚師和奴隸所講的一樣，採納起來去救濟蒼生，那麼你就不會覺得有什麼差愧了。在君主身邊待的時間久了，進說者受到君主的恩澤已經很豐厚了，如果不再被君主懷疑

了，或者據理力爭也不會被判罪，那麼你就可以向君主明確地剖析利害，直接指出是非，以助他建功立業。這樣的話，你的進說就成功了。

從前，鄭武公想攻佔胡國，於是就設計了一個計謀。他故意先將自己的女兒嫁給了胡國國君，然後，他向群臣詢問可以攻佔的國家。大夫關其思知道鄭武公早就想攻佔胡國了，於是就回答說可以攻佔胡國。沒想到，鄭武公一聽，大怒不止，當即命人殺了關其思，還說胡國是自己的友邦。這件事很快就傳到了胡國國君那裡。胡國國君誤認為鄭國對自己友好，所以不再對它有任何防備。鄭武公見計謀得逞，便派人偷襲了胡國，並攻佔了它。

還有一件事，宋國有個富人，下雨天他家的院牆被淋塌了，他兒子說不修好的話，夜裡會有盜賊來偷東西的。他家的鄰居的一位老人也這麼說。到了晚上時，果然有盜賊潛進了富人家。富人認為自己的兒子很聰明，卻對鄰居老人起了疑心。關其思和這位老人的話都很恰當，但是結果都沒有好下場，嚴重的被殺了，輕的被人懷疑了。他們不是因為瞭解情況困難，而是因為處理所瞭解的情況很困難。

衛國的法律中有這麼一條規定：私自駕馭國君車子的人，要被判處刖刑。當初，彌子瑕受衛君寵信時，有一次他母親生病了，他急於回家探望，就假託君命駕君車回了趟家。衛君知道後，不但沒有歸罪他，反而稱讚他德行好。可是到了後來，彌子瑕失去了衛君的寵信，衛君這時卻把舊賬翻了出來，以曾偷駕君車治罪捕獲了他。彌子瑕的行為先前被稱賢後來又獲罪的原因，只不過是衛君的愛憎有了變化。

所以說，當臣子被君主寵愛時，才智就顯得恰當，從而更受親近；當他被君主憎惡時，才智就顯得不恰當，就會更被疏遠。因此，進說者在進說之前，一定要先查看清楚君主的愛憎。

後來，韓非的書被傳到了秦國，秦王嬴政見了很賞識，便以派兵攻打韓國相威脅，迫使韓王把韓非送到了秦國。韓非到了秦國後，受到了秦王的重用，引起了李斯、姚賈的嫉妒。他們二人常在秦王面前詆毀誣陷韓非，結果韓非終因是韓國人而非秦國人，被投進監獄，最後又被迫自殺。

司馬穰苴列傳

司馬穰苴

　　司馬穰苴，姓田，名穰苴，是田完的後代子孫。他是春秋時齊國的大夫，官拜大司馬，深通兵法，輯有《司馬穰苴兵法》。

　　齊景公時，晉國率兵攻打齊國的阿城和甄城，燕國也侵犯齊國在黃河南岸一帶的統治地區。齊國軍隊力不從心，一直吃敗仗。齊景公十分憂愁，每天食不知味，睡不好覺。這天，齊國的大夫晏嬰來到齊景公這裡，向他推薦了一個人。他說：「田穰苴雖然是田門中的偏室所生，在家族中的地位並不高，但是他這個人文武雙全，為人誠信，是一個足智多謀之人。大王不妨藉此機會試一試他。」齊景公便將田穰苴召進來，向他詢問軍事上的事情。一問之下，齊景公覺得他是個不可多得的人才，能夠化解這次的危機也不一定，便封他做了將軍，讓他領兵抵抗晉國和燕國的軍隊。田穰苴卻說：「我的地位很卑微，大王您將我從平民中提拔出來，地位尚在大夫之上，這樣士兵們是不會服從我的，百姓們也不會相信我的能耐。一個人威望輕微，也就不會樹立起權威了，還望大王能夠派一位您信任的、人民尊重的大臣來做監軍，這樣才可以。」齊景公認為他說的很有道理，便將大臣莊賈任命為他的監軍。

　　田穰苴拜別了齊景公，就到莊府拜會莊賈，約定了第二天正午時

分在營門集合，出發去前線。第二天，田穰苴提前來到了軍營，將用來觀測時間的標杆和滴漏設置好，等待莊賈前來。而此時，莊府裡卻熱鬧非凡，莊賈的朋友們聽說他被任命為監軍，將要出去打仗了，便上門來為他送行，祝願他可以打勝仗，還說有他當監軍，齊國的軍隊一定可以所向披靡，無往不勝，說得莊賈像真的打了勝仗一樣飄飄然起來。莊賈的性格向來驕縱蠻橫，這次他根本就沒把田穰苴放在眼裡，也不在乎約定的出發時間。他在自己的家中和朋友們放肆地喝酒、談笑，下屬幾次來提醒他，他都不以為然。

正午時分，軍營中士兵們已經整齊地列隊，等待出發。田穰苴將標杆推倒，將滴漏中的水放出，站在高臺上不斷眺望，卻看不到莊賈的影子。於是，他只得先到軍隊裡面指揮軍隊先行操練，並派人去看看監軍大人是不是遇到什麼事情耽擱了。派出去的士兵來到莊府，莊賈正和自己的一幫朋友們喝酒，一群人笑成一團。下屬報告，說正午時分已經過了，門口有大人請他趕快趕去軍營，領兵出發。莊賈卻不屑一顧地說道：「平民百姓當了將軍，總喜歡拿著雞毛當令箭。時間過了又怎樣，有那麼重要嗎？」說完仍舊不加理會，繼續喝酒逗樂。

時間一分一秒地過去，軍營裡士兵們已經操練完畢，排列著整齊的隊伍，聽田穰苴申明軍紀，等待著出發的時間。田穰苴眼看太陽都快落下去了，便對自己的副將說：「還是勞煩將軍您親自去一趟莊府吧，一定要當面告訴他，將士們已經等待了他一整個下午了。」副將來到莊府，闖進門去，就看到莊賈一群人已經東倒西歪。看到有人闖進自己的家門，莊賈滿嘴酒氣地質問道：「大膽！什麼人竟敢私闖我的家門！」副將說道：「田穰苴大人請您快些趕往軍營，將士們已經

恭候您多時了。」莊賈皺著眉頭，不耐煩地說道：「我知道了，你告訴他我馬上就到。」

軍營中，忽然有戰報傳來，又有一城失守了。田穰苴再也坐不住了，準備親自到莊府去請莊賈，卻見莊賈騎馬前來，晃晃悠悠地進了軍營。田穰苴快步上前，指責他：「監軍大人為何不按照約定的時間按時前來？」莊賈跟個沒事兒人似的，嬉笑著說：「幾個朋友為我送行，我們多喝了幾杯，所以來晚了。」田穰苴怒火中燒，嚴肅地說道：「監軍大人，您可知道，在大王面前，當您接收這個任命的時刻，您就應該忘掉自己的家庭；在軍隊中，當您聽到宣佈軍紀的時候，你就應該忘掉自己的父母；在戰場上，聽到鼓槌敲擊戰鼓的時候，您就應該忘掉自己的性命拼命衝殺。現在敵軍已經深入中國內部，整個國家岌岌可危，生靈塗炭，大王日日吃不香睡不好。就在等待您的這個下午，我們又丟掉了一座城池，而您卻在這個時候還要說什麼送行。」田穰苴再也忍不住自己心裡的怒氣，問身旁的軍法官：「根據軍法，將軍沒有按照約定的時間到營出征，應該給予怎樣的處罰？」軍法官說道：「回稟將軍，按軍法當斬首。」

莊賈看到田穰苴義正詞嚴的樣子，才知道害怕了。他急忙命人快馬加鞭去向齊景公求助，可是還沒等他派出的人回來，田穰苴就下令將他斬首，並將他的屍身巡行示眾，以警示三軍。將士們無不震驚害怕。

過了一會兒，齊景公的使者帶著齊景公赦免莊賈的命令來到了軍營。田穰苴說：「軍隊有自己的法紀，將帥在軍隊裡面是可以不用接

受君王的命令的。」他又問軍法官：「駕車在軍營裡奔馳的，軍法中規定該怎樣處置？」軍法官回答道：「回稟將軍，依法當斬首。」使者一聽田穰苴要治自己的罪嚇壞了，田穰苴說道：「君王的使者是不能處死他的。」他便命人斬了使者的隨從，並將車左邊的木頭砍斷，殺死了駕車飛奔的馬匹，並巡行示眾。然後他放使者回去向齊景公報告這一切，自己帶著軍隊出發了。

將士們看到了田穰苴說話擲地有聲，嚴格按照軍法治軍，一個個精神振奮起來。到了前線，士兵們安營紮寨、掘井立灶，田穰苴親自過來慰問他們的飲水和吃飯問題，關心他們中間生病的人的醫藥問題。他還把自己專用的物資都拿出來給士兵們用，他和士兵們吃一樣的糧食飯菜。三天後軍隊出征，他將其中病弱的士兵全都挑選出來，重新整理軍隊。這些體弱生病的士兵們卻不依不饒地請求為他戰鬥，非要跟著軍隊上戰場。

晉國的軍隊知道了這種情況，畏懼齊軍的戰鬥力，便撤回了自己的軍隊。燕國便也準備撤軍了，在渡過黃河的時候分散了戰鬥力，遭到齊軍的圍追堵截，齊軍追回了自己全部的國土，率兵凱旋。

齊景公率領滿朝文武到城外迎接田穰苴的部隊，並按照禮儀慰勞了眾將士，然後他回到寢宮接見了田穰苴。他敬重田穰苴的治軍能力，任命他為大司馬，將齊國的軍政大權交給他掌握。從此，田氏在齊國的地位也一天天高貴起來。

後來，朝中的大夫鮑氏、高氏、國氏等一班人嫉妒田穰苴的榮耀高升，便在齊景公面前想方設法誣陷他。齊景公最初並不相信，但是

說的人多了，說的次數多了，也對田穰苴心生懷疑，撤去了他的官職。田穰苴鬱悶而終，他的後人田乞、田豹等怨恨那些在齊景公面前詆毀田穰苴的人，到了田常之時，他們誅殺了高氏、國氏家族全部的族人。後來，田常的曾孫田和自立為齊君，為齊威王。他領兵打仗全都效仿田穰苴的做法，勢力慢慢強大起來，使得各個諸侯國都來朝拜他。齊威王經常讓自己朝中的大夫討論古代各種兵法，將田穰苴的兵法也算在裡面，所以叫《司馬穰苴兵法》。

孫子吳起列傳

孫子練兵

　　孫子是陳完的後代。陳完來到齊國之後，改姓田氏，名為田完。田完的第五世孫田書後來成為齊國的大夫，因為攻打莒國建立戰功，齊景公便將樂安封給了田書，還賜姓為「孫」氏，孫書便是孫子的祖父。西元前五三二年，齊國發生「四姓之亂」，孫子離開齊國，南下到吳國，在吳國的都城姑蘇隱居起來，從此潛心學習兵法。在此期間，孫子認識了伍子胥，伍子胥對孫子的兵法思想很認同。

　　在眾多諸侯國中，吳國是新興的國家，國君闔閭為了獲得霸主地位，想要攻打南方的楚國。作戰需要優秀將領，闔閭一時間找不到合適的將領。伍子胥適時向闔閭推薦了孫子。伍子胥說：「孫子的兵法精通韜略，有鬼神不測之機，天地包藏之妙，自著兵法十三篇，世人莫知其能。誠得此任為將，雖天下莫敵，何論楚哉！」

　　孫子在吳國長期過著隱居的生活，知道他的人並不多，以至於吳國國君連孫子這個名字都沒有聽說過。因此，雖然伍子胥多次向吳國國君推薦孫子，但吳國國君始終認為孫子只是一介農夫，未必有伍子胥說的那麼神奇。伍子胥一心想要吳國獲得良將幫助自己報國仇家恨，再三反覆地推薦，吳國國君最終才勉強同意見孫子一面。

孫子見到吳國國君之後，呈上自己所著的兵書十三篇。吳國國君看完，讚不絕口。他對孫子說：「我已經看完了你的十三篇兵法，理論是不錯，不知道實踐怎樣，你能幫我操練一下看看嗎？」孫子同意了。吳國國君問：「你打算用什麼人演練呢？」孫子回答說：「隨大王你的喜好，用什麼樣的人操練都可以。」

　　吳國國君有意為難孫子，就提出用宮女演練，孫子同意了。吳國國君於是下令宮中一百八十名宮女集結在練兵場，任憑孫子演練。孫子將他們分成左右兩隊，讓吳王最為寵愛的兩位美姬分別做左右隊長。吳國國君又讓自己的駕車人和陪乘擔任軍吏，負責監督和執法。

　　操練開始了，孫子站在指揮臺上，首先對大家宣講操練要領。孫子問大家說：「你們知道自己心口、左手、右手和背的方向分別是什麼嗎？」眾宮女回答：「知道。」孫子又強調了一遍：「心口所向為前方，左手所向為左方，右手所向為右方，背部所向為後方。」然後又命令道：「一切行動，都要以鼓聲為準，大家都明白了嗎？」眾宮女回答：「明白了。」宣佈完畢，孫子便讓宮女們拿起斧鉞等兵器正式操練，宮女們在鼓聲的指揮下開始操練。

　　宮女們從來沒有進行過軍事訓練，所以聽到鼓聲，看到斧鉞，聽著孫子所發的口令，覺得很好玩。當孫子講述軍規的時候，她們雖然口裡答應著，其實心根本不在操練上，很容易出錯。一出錯，這些唧唧咋咋的美女們就開始哈哈大笑起來，排好的隊形就亂套了。孫子自責道：「這說明我規定得不明確，講述得不清楚，是我這個將領失職。」然後又重複講述規則，用鼓聲指揮她們向左或者向右。但這些

女人們依然跟不上口令，很快又亂套，大家又嘻嘻哈哈笑起來。孫子這時候說：「這說明規定仍然不明確，講述得不清楚，是將領的失職，現在將領已經講清說明，但士兵仍然不按照規定執行，這就是隊長的失職。」然後，就要將左右兩隊的隊長斬首。

正在觀賞的吳國國君見孫子要斬自己的愛妾，嚇了一跳，趕緊命人傳話對孫子說：「我已經知道將軍是一個善於用兵的人了。請不要斬首這兩個女人，她們是我的愛妾，沒有她們我寢食難安。」孫子說：「臣子既然已經受命為將，將在外軍令有所不受。」於是仍舊命令執法人將左右兩隊的隊長斬首，然後命令兩隊的排頭充當隊長，繼續操練。

這次，孫子再擊鼓發令時，宮女們都謹慎地跟著鼓聲左轉右轉，無論進退還是跪、爬、滾、起，全都嚴格跟隨鼓聲，一切都合乎規律，這次的隊形也十分整齊。孫子於是派人對吳國國君彙報：「現在士兵們的陣容已經很整齊了，大王可以下來看看。相信大王想讓她們做什麼，哪怕赴湯蹈火，她們也在所不辭。」吳國國君因為失去愛姬，心中不高興，便找藉口不去。

孫子便親自晉見吳國國君，對他說：「看來大王只是喜歡我的兵法，但卻不能認同兵法的內容，令行禁止、賞罰分明是兵家之常事，也是身為將領應有的職責和權力。對待士兵要嚴格，只有這樣他們才聽從號令，打仗才能戰勝敵人。」吳國國君明白孫子的一番苦心之後，便不再生氣，於是任命孫子為將軍，吳國的軍隊從此就交給孫子訓練。在孫子的嚴格要求下，吳軍的軍事素質提高了許多。

西元前五一二年，吳國攻打楚國，吳軍在國君、伍子胥、孫子的指揮下打敗了楚軍，攻克了楚國的屬國鍾吾國（今江蘇宿遷東北）、舒國（今安徽廬江縣西）。吳國國君非常高興，想要乘勝追擊，直搗楚都郢（今湖北江陵縣紀南城）。孫子認為不可再追擊，他說：「楚軍與鍾吾國和舒國兩國的軍隊不同，它原本是一支強悍的軍隊。而我軍已經連續滅了兩個國家，人馬疲憊，軍資消耗很大，不如暫且收兵，等大家養好精神，準備好糧草，再選擇好時機攻打楚國。」吳國國君覺得很有道理，便班師回國。

西元前五〇六年，楚國攻打蔡國，而蔡國是吳國的附屬國，這剛好給吳國一個藉口。於是吳國再次率領精兵，從水路出發，準備與楚軍來一場水戰。楚國正圍攻蔡國，但看到吳軍來勢洶洶，心中膽怯，立刻放棄攻打蔡軍，轉而收縮軍隊，整治主力，準備全力應對吳軍。但沒想到孫子突然放棄水路作戰計劃，改從陸路進攻，吳軍直插楚國縱深。

伍子胥很奇怪，於是問孫子：「吳軍習水性，水戰是我們的強項，為何突然改陸戰了呢？」孫子回答說：「用兵貴在神速，走別人想不到的路，可以打他個措手不及。我們從淮河逆流而上，速度比較慢，楚軍必然已經加強了防備，我們很難一舉擊中。而從陸路卻可以避免這一點。」伍子胥這才恍然大悟。結果，孫子從三萬精兵中選擇了三千五百名身強力壯的士兵，讓他們打頭陣，一鼓作氣衝向楚軍。楚軍果然沒有防備，隊形很快就散了，吳軍士氣大振，迅速攻入楚國的國都郢，楚國國君楚昭王倉皇出逃。這一仗，吳國只出動了三萬兵力，而楚國有二十萬大軍，吳國在孫子的巧妙指揮下獲得大勝。

吳軍在孫子的帶領下，所向披靡，很多諸侯小國聽到吳軍前來，立刻準備投降，這為吳國建立霸主地位奠定了基礎。西元前四八二年，吳國國君率領數萬精兵由水路北上，到達黃池（今河南封丘縣南），與中原諸侯國會盟。因為有強大的軍事後盾做基礎，晉國、齊國等中原大國不敢輕舉妄動，吳國國君闔閭因此爭得了霸主地位。

孫臏入齊

孫臏原名孫伯靈，自幼父母雙亡，他跟著叔叔孫喬長大。孫喬曾經侍奉齊康公，後來齊康公被田太公驅逐，孫喬作為舊臣也被驅除，孫臏就跟著叔叔一起逃亡。在逃亡的過程中，他與叔叔失散，從此過著孤苦伶仃的生活。

少年時候，孫臏有幸結識了鬼谷子，便跟隨鬼谷子學習兵法。鬼谷子又名王詡，他是戰國時代衛國人，善於養生和縱橫術，精通兵法、武術、奇門八卦，曾著有《鬼谷子》兵書十四篇，是當時有名的學者。因為他隱居在清溪鬼谷，常到雲夢山採藥修道，因此自稱「鬼谷子」。

鬼谷子為當世的名人，很多人跟隨他學習。孫臏跟隨他學習兵法的時候認識了很多師兄，其中一個師兄叫做龐涓。龐涓是魏國人，是一個很聰明的人，但為人奸猾，喜歡玩弄權術。孫臏朝夕與龐涓相處，大家彼此同門師兄弟，感情比較好，經常同吃同睡。二人還約好，將來有一個人發達了，另外一個人一定會跟他同享榮華富貴。轉眼幾年過去了，孫臏跟龐涓學習兵法也都有了長足的進步。鬼谷子知道孫臏為人老實，而龐涓比較奸猾，於是將《鬼谷子》兵書十四篇單獨傳授給了孫臏，並且不准他外傳。龐涓知道這件事之後，非常惱

火。

魏國國君魏惠王向天下招賢納士，龐涓不想再繼續待下去了，於是告別鬼谷子，下山應招。下山之前，他特意對孫臏說，一旦自己應招順利，立刻推薦孫臏前去，師兄弟二人共同創出一番事業。孫臏很感動，再三囑託他凡事小心，一路保重，師兄弟訣別。

龐涓到了魏國之後，因為軍事才能出眾，很快贏得魏惠王的賞識，被封為將軍。之後，龐俊率領魏國的軍隊與衛國和宋國開戰，打贏了好幾次戰爭，魏惠王更加寵信他，龐涓一時間成為魏國婦孺皆知的名將。龐涓有此殊榮，最初他的確很開心，但不久就又不高興了。他知道，論兵法，自己遠遠比不上師弟孫臏。他們約好共同富貴，如果此時他將孫臏推薦給魏惠王，孫臏肯定會贏得賞識，並且威望迅速超過自己，如果不遵照當時的約定，那麼孫臏就會到別的國家，他單獨學了《鬼谷子》兵書十四篇，將來如果遇到交戰，自己肯定不是對手。到底該怎麼做呢？龐涓晝夜難安。

思量再三，龐涓想出一條計謀。他給孫臏寫了一封信，在信中，龐涓首先說明了自己在魏國受到重用，然後提到之前兩人的約定，說自己已經向魏惠王推薦了孫臏的軍事才能，魏惠王聽了很高興，想讓他出山幫助魏國，並且承諾封他為將軍。孫臏看到這封信，喜出望外，於是打點行裝，告別鬼谷子，到了魏國。

龐涓見到孫臏之後，表面上很熱情，每日盛情款待他。但好幾天過去了，始終沒有傳來魏惠王召見的消息。龐涓不提，孫臏自然不好意思多問，就想再多等幾天吧。一天。孫臏正在看書，門外傳來一陣

喧嘩聲，很快幾個兵士闖進來，將孫臏捆綁起來，帶到一個做官的面前。這個官人是龐涓安排的，他宣佈孫臏犯了私通齊國之罪，奉魏惠王命執行對他的懲罰。結果，孫臏還沒有明白過來怎麼回事，就被施以臏足、黥臉之刑，孫臏的膝蓋骨被挖去，臉上被刺上犯罪的標誌。

這一切都是龐涓搞的鬼。他根本就沒有在魏惠王面前推薦孫臏，反而在魏惠王面前誣陷孫臏私通齊國，因此孫臏被處以極刑。他以為，失去了膝蓋骨之後的孫臏再也沒有機會為自己爭奪地位了，恐怕一輩子都不能再與自己較量了，心中的大石終於落地。因為失去了膝蓋骨，孫臏從此才改名孫臏。

不過龐涓並沒有完全放心，他將殘廢的孫臏關起來，派專人監視著他。此時孫臏已經知道是龐涓在搞鬼了，但自己有口難言，無人相信自己，不得不自救。不久，他就瘋了，一會兒哭，一會兒笑，在屋裡不停地嚷嚷，送的飯也被他扔掉了。龐涓不相信孫臏真的瘋了，於是命人將他扔到豬圈裡，然後暗中觀察孫臏的反應。孫臏知道龐涓不會放過自己，他披頭散髮地倒在豬圈裡，渾身都是豬糞，孫臏甚至撿起豬糞塞到嘴裡。直到這時，龐涓才相信孫臏真的瘋了，對他的看守也就鬆懈起來。

其實孫臏是在裝瘋麻痺龐涓，他時刻都在找機會逃出虎口。一天，他聽說齊國派使者來到魏國，便找了個機會偷偷前去拜訪齊國使者。齊國使者聽著孫臏的談吐以及他在軍事方面的謀略，認為他是一個人才，於是答應幫他逃走。最後，孫臏偷偷藏在齊國使者的車子裡，跟隨齊國使者來到了齊國。

孫臏見到了齊國的大將田忌，向他闡述了自己兵法思想，田忌聽了，也覺得孫臏是一個很有才華的人，於是將他留在自己府中，以接待上賓的禮節款待他。

齊威王喜歡賽馬，田忌經常與齊威王賽馬，不過總是輸。一天，齊威王又與田忌賽馬。馬分上、中、下三等，田忌使之對等競賽，不過又輸給了齊威王。孫臏知道了，就對田忌說：「下一輪比賽的時候，你用自己的上等馬對齊威王的中等馬，用自己的中等馬對齊威王的下等馬，用自己的下等馬對齊威王的上等馬，肯定能贏得比賽。」田忌照孫臏所說的做，雖然輸了一場，但卻贏了兩場，全域來說是贏了。齊威王從來沒有輸過，當然很驚訝，於是就詢問田忌原因，田忌便將孫臏引薦給齊威王。

齊威王看到孫臏是個殘疾人，臉上有犯罪的標誌，對他並不看重。當孫臏開始闡述自己對兵法的簡介時，齊威王放覺得他是一個了不起的人物，於是便問他：「那麼在你看來，如果不用武力，能征服天下嗎？」孫臏回答說：「這當然不可能，只有通過打勝仗，才能讓天下歸附。」於是就舉了很多這方面的例子，如黃帝戰勝蚩尤統一華夏，堯帝伐共工贏得天下，舜帝征三苗獲得四海歸附，武王伐紂而取代商，等等。有理有據地向齊威王指出：任何一個朝代都是靠武力解決問題的，勝仗是實現天下歸順的基礎。齊威王聽了之後，很受啟發，於是就詢問孫臏關於兵法的事情。這是孫臏最擅長的地方，當然講述得更精彩，齊威王都聽得入迷了，當即尊稱他為「先生」，並敬他為老師。

增兵減灶

不久，齊、魏兩國發生矛盾，雙方軍隊因此交戰，孫臏在齊國受到重用的消息傳到龐涓耳朵裡。

龐涓掌握著魏國的軍權，他所得到的一切榮耀也都是通過打仗得來的，因此他總想發動戰爭來顯示自己的重要性，並藉以提高自己的威望。孫臏逃走後不久，他就向魏惠王進讒言，然後討伐趙國。

西元前三五四年，龐涓率領八萬精兵突襲趙國都城邯鄲，趙國無力抵抗，慌忙派使者向齊國求救。齊威王想拜孫臏為大將，但孫臏婉言拒絕了，他說：「我是受過刑的殘疾人，不方便帶兵，不如讓田大夫當將軍，我在旁出出主意吧！」齊威王答應了，田忌被封為大將，孫臏被封為軍師。田忌率兵八萬，孫臏暗中為他出主意，向邯鄲奔去。

田忌原本是想直接奔赴邯鄲，但孫臏制止了他。孫臏說：「我軍千里迢迢為趙國解圍，等趕到邯鄲時，恐怕將士們已經很累了，魏國軍隊以逸待勞，趙國又不是龐涓的對手，這樣我們不容易取勝。不如我們現在直接奔赴衛國的都城襄陵，而且沿途故意宣揚，讓龐涓知道。這樣為了自救，他必定回國，邯鄲之圍就解除了。這下換龐涓千里奔波，我們就可以以逸待勞了。」田忌覺得此計甚妙，便按照他說

的做。

　　且說龐涓正在圍困邯鄲，馬上就要攻陷了，這時候魏國卻傳來齊軍壓境的消息。龐涓顧不上休整軍隊，留下少量兵力駐守在邯鄲城外，率主力軍隊援救大樑。沒想到他的軍隊經過桂陵時，被等候多時的齊軍包圍了。魏軍已經奔波千里，人馬疲憊，如今突然見到齊軍半路殺出來，還沒有應戰，已經開始心慌了。人心不穩，士氣不振，魏軍很快被齊軍打得落花流水，主將龐涓被擒。魏國無奈，只好向齊國求和，將邯鄲還給趙國。而對於罪魁禍首龐涓，孫臏並沒有殺死他，而是對他當年的背叛數落了一番，將他放了。

　　龐涓原本就不是孫臏的對手，現在有了齊國的支持，龐涓更無法戰勝孫臏。這一點，龐涓本人是非常清楚的，聯想當年自己對孫臏的所作所為，龐涓心中很不安，唯有孫臏徹底消失，他才放心。於是他偷偷派人潛入齊國，用金銀財寶賄賂齊國的相國鄒忌，希望他幫助自己除掉孫臏。鄒忌也擔心齊王太沖重用孫臏，有一天任命他為相國，於是就向齊威王進讒言，說孫臏聯合田忌謀反，要奪取齊國王位。與此同時，龐涓也派人到齊國造謠，說孫臏聯合田忌謀反。齊威王原本對田忌就有所猜忌，現在聽說田忌與孫臏意圖謀反，勃然大怒，斷然削去田忌兵權，奪取孫臏的軍師之職。龐涓的詭計再次得逞。

　　西元前三四二年，龐涓統領十萬大軍、一千輛兵車，分三路進攻韓國。韓國知道自己難以抵抗，只好派使臣向齊國求救。齊威王此時已經去世，他的兒子齊宣王繼承了王位，田忌和孫臏又恢復了職位。

　　對於韓國的求救，齊宣王一時拿不定注意，於是就召開群臣會

議。相國鄒忌主張不救韓國，理由是，兩國互相殘殺，齊國可以坐收漁翁之利。田忌等卻堅持救韓國，理由是，一旦韓國落入魏國手中，魏國實力大增，必定對齊國不利。

孫臏卻一直沒有發表意見，齊宣王就問孫臏。孫臏說：「我覺得這直接救或直接不救都不好。」眾人不知道什麼意思。孫臏說：「如果不救魏國，魏國滅掉韓國之後會危害齊國；如果救韓國，我們必定要與魏軍交戰，韓國卻安然無恙，齊國幫助別人打仗反而傷了自己的元氣。所以直接救或直接不救都不好。我認為，大王應口頭上答應救韓國，讓韓國安心，這樣韓國就會拼死與魏國作戰。等到兩國軍隊交戰到必備的時候，齊國再出兵攻打魏國，這時候魏國很容易就能被我們打敗，而且我們又解救了韓國的困境，他們依然會感激我們。這樣我們以最少的消耗贏得了戰爭，這種結局難道不更好嗎？」大家都覺得這是一個妙計，於是就按照孫臏所說的做。田忌、孫臏依舊統兵，等待出兵的有利時機。

韓魏兩國打了一段時間之後，孫臏沒有讓齊國這時候介入二者的戰鬥，而是又採取一個妙招：不救韓國，再次襲擊魏國的首都大樑，龐涓再次腹背受敵。龐涓兩次都栽到同一個地方，氣得暴跳如雷，只罵孫臏詭計多端。想起上次的戰敗之辱，他決定這次無論如何都要與齊軍決一死戰。

孫臏知道龐涓率兵前來，不讓田忌迎敵，田忌奇怪地問：「我們上次不是以逸待勞勝了龐涓嗎？這次為什麼不用了？」孫臏回答說：「這次與上次不同的地方在於龐涓生氣了，魏軍的士氣比上次振奮。

如果我們直接迎敵，我軍雖然勝了，但卻無法避其鋒芒，傷亡會比較大。魏軍既然一向自視甚高，基於跟我軍交戰，我們不如誘他們上當。我們可以故意裝作害怕的樣子，用增兵減灶的辦法誘敵深入。」田忌聽完孫臏的完整計劃，再次佩服得五體投地。

當龐涓晝夜兼程趕到魏國後，立刻傳令與齊軍交戰。但齊軍卻不肯交戰，只要魏軍稍微向前，他們便後退。龐涓急於戰勝齊軍，咬緊齊軍不放。不料派去打探敵情的探子卻回來說：從齊軍軍營中的灶跡來看，齊軍有十萬多人。龐俊一聽齊軍有這麼多人馬，有些吃驚：「想不到齊軍這麼多人，我可不能輕敵。」於是追趕的時候謹慎了一些。追擊了一天之後，探子根據齊軍軍營留下來的灶跡，斷定齊軍只剩下五萬人。龐涓大喜：「齊軍害怕我們了，聞風喪膽，已經逃亡一半了。」於是命令魏軍快追。又追擊了一天，探子根據齊軍軍營留下來的灶跡，斷定齊軍只剩下三萬人。龐涓更開心了，他終於堂堂正正戰勝孫臏了，於是下令魏軍以更快的速度追趕。他甚至披甲執戈，親自率領兩萬輕騎，日夜兼程追趕齊軍。

孫臏得知龐涓只帶了兩萬輕騎上路，高興地說：「龐涓的末日到了。」這時候齊軍剛好經過馬陵道。馬陵道是一個險地，兩邊都是高山，山勢險要，中間有很多茂密的樹木，大軍如果想從此經過，只有中間一條羊腸小徑可走。這個地形剛好可以用來進行伏擊戰。孫臏下令：就地伐樹，將羊腸小徑堵死，然後又命人挑選一棵大樹，刮起外面的樹皮，在樹幹上寫下「龐涓死於此樹之下」幾個大字。最後安排弓箭手埋伏在附近，並對弓箭手說：「只要看到樹下火把點亮，大家就一起放箭！」安排完畢，單等龐涓前來。

且說龐涓趕到馬陵道已經黃昏了，士兵勘察了一番，回來稟報：前面有谷口，谷口有樹木亂石阻擋。龐涓不知死期將至，反而高興地說：「這說明我們已經快要追上敵軍了。」然後一馬當先向谷口衝去。

　　龐涓正衝得過癮，突然發現有一棵大樹擋住了去路，隱隱約約看到樹干上有字，不過看不清楚。於是龐涓便命人點燃火把，走上前去辨認字跡。當他看到樹干上「龐涓死於此樹之下」幾個大字時，立刻回過神來，意識到中了孫臏的埋伏，趕緊下令退軍。可是哪裡還來得及，埋伏在山中的齊軍弓箭手萬箭齊發，魏軍死傷無數，隊形大亂。龐涓身負重傷，勉強衝出重圍，但知道無論如何無法挽回慘敗的下場了，不得已拔劍自殺。

　　馬陵道一戰之後，孫臏的威名被更多人知道，齊國也愈發重視他。孫臏後來將自己知道的兵法知識和作戰經驗記錄下來，寫成《孫臏兵法》八十九篇。

吳起成名

魏文侯七年（西元前440年），吳起出生於衛國左氏一個貴族家庭。成年後，他到了魯國，跟隨曾子學習儒學，後來又與李悝一起向子夏學習儒學。此時天下諸侯之間兼併嚴重，儒學並不受重用，吳起於是棄文從武，成為魯國國君魯穆公的一個武官。

後來，齊國攻打魯國，魯穆公想封吳起為將軍。但是吳起的妻子是齊國人，魯穆公擔心吳起無法全力打仗，對他有些不放心。吳起一心想做出一番事業，當他得知魯穆公的顧慮之後，回家殺了自己的妻子。魯穆公非常感動，於是封他為大將軍。吳起率領魯國軍隊迎擊齊軍，大勝。

吳起打了勝仗，更被魯穆公所看重，這引起了其它人的不滿。有人詆毀吳起道：「吳起生性殘忍，而且他從不相信任何人。他出身於貴族，從小享受榮華富貴，家裡的錢財多得幾輩子也花不完。他為了做官竟然散盡家財，結果沒有撈得一官半職，同鄉的人都笑話他一輩子都沒有出息了，他竟然將笑話自己的三十多人都殺了。他從衛國逃跑時，與母親訣別，咬著自己的胳膊狠狠地說：『我吳起要是不能成為上國相客卿，我就永遠不回來了。』接著又跟隨曾參學習儒學，這時候他的母親死了，他為了當初自己的誓言盡然不回去奔喪弔孝。這

下連曾參也看不起他了，跟他斷絕了師徒關係。不得已，他又與李悝一起向子夏學習。後來李悝做官了，他依舊一無所獲，索性也不學儒學了。他又跟隨別人習武，成為我們魯國一名武將。國君擔心他的妻子是齊國人因此不敢派他與齊國打仗，他就殺掉自己的妻子向國君表示衷心，只是為了求得將軍一職啊！魯國只是一個小國家，吳起這麼善於打仗，其它國家會認為中國有擴張的野心，就會做出對魯國不利的事。魯國跟衛國原本是兄弟之國，魯國國君現在重用吳起，不就是得罪了衛國嗎？」

這番話說得有鼻子有眼，而且有些事的確是事實，魯穆公聽說了，就對吳起不再重用。吳起沒辦法，只好離開魯國。他聽人說魏國國君魏文侯是一個賢明的君主，於是就投奔魏國。

魏文侯聽說了吳起的名氣，但又不是很瞭解，就問大臣李克說：「你認為吳起這個人怎麼樣？」李克回答：「他不貪戀財物，但是貪圖成名，一心想要擁有名氣做大事。他有一個致命的缺點：愛好女色。不過如果真想用他帶兵打仗的話，那確實是一個難得的人才，恐怕連齊國的司馬穰苴也比不上他。」魏文侯覺得吳起肯定對魏國有用，於是就以上賓之禮招待他，還封他為魏國的上將軍。吳起不負所望，不久就帶兵攻打秦國，一口氣奪得秦國五座城池，魏文侯大喜，更加寵信他。

不得不說，吳起真是一個好將軍。他帶兵打仗，跟士兵們穿同樣的衣服，吃一樣的飯，困了就跟大家一樣倒頭就睡，平常行軍也不像其它將軍一樣乘車騎馬，跟大家一樣背負著自己的行李和乾糧。總之，他與眾將士同甘共苦，因而也贏得將士們的愛戴。

有一次，有一個士兵身上長了一個毒瘡，吳起親自幫這個士兵吸出裡面的膿液。這個士兵的母親聽說後大哭起來，大家都問她為什麼，因為她的兒子只是軍隊一個無名小卒，竟然獲得吳起將軍親自替他吸吮膿液，這是莫大的榮耀，應該高興才對。這位母親說：「你們有所不知啊。從前我的丈夫也在吳起將軍手下當兵，也是身上長了個毒瘡，當時也是吳起將軍親自替他吸吮出了毒瘡的毒液。我的丈夫因此很感動，在戰場上拼命殺敵，最後戰死沙場。現在吳起將軍又為我的兒子吸吮毒瘡，恐怕我的兒子也會像他父親一樣不顧生死為他賣命，我的兒子什麼時候會死呢？我是哭我兒子的命啊！」

而對待軍事理論，吳起也毫不含糊。他對於孫子「知己知彼，百戰不殆」的戰略思想非常推崇，總是從戰爭形勢出發，派間諜深入敵後搜集敵方各種情報，然後推測隨時可能會出現的情況，或者選擇其薄弱環節狠狠打擊。此外，他還擅長引誘深入的戰術，總是先派出一支小分隊去佯攻敵人，然後假裝敗退，再用主力軍隊進攻。

吳起既能贏得將士們的喜歡，又善於用兵，加之他廉潔不貪，贏得魏國上下的敬重，魏文侯對他更是禮敬有加。

魏文侯三十八年（西元前409年），吳起率魏軍進攻秦國河西地區的臨晉（今陝西大荔東）、元裡（今澄城南）。第二年，魏軍攻取了秦國的至鄭（今華縣），洛陰（今大荔南）、合陽（今合陽東南），佔領了秦國的河西地區。魏文侯就任命吳起為西河地區的郡守，讓他在這個戰略要地上抵抗秦國和韓國。

西元前三八九年，秦軍調集五十萬大軍，企圖奪取被魏佔領的河

西地區。吳起率領下五萬魏軍，一舉擊潰五十萬秦軍——能擊敗十倍於已的兵力，吳起的名聲從此遠播，以至於其它國家聽到與吳起對戰就喪失了勇氣。由於重用吳起的緣故，魏國在戰國初期很快成為諸侯國中比較強大的一個。

商君列傳

衛鞅入秦

　　歷史上的戰國七雄之中，尤以秦國的實力最為弱小。秦國在政治、經濟、文化等各個方面都要落後於中原的其它諸侯國。與秦國非常臨近的魏國實力就比較雄厚，而且秦國河西一帶就被魏國掠奪了。

　　西元前三六一年，秦孝公繼位。秦孝公立志做一個大有作為的國君，一心勵精圖治。首先，秦孝公開始廣泛搜集賢才。為此。秦孝公頒佈命令，說：「只要是能讓秦國國富民強的人，我就封他做秦國的大官。無論這個人是秦國人還是別的國家來的客人。」聽說秦孝公廣納賢才，許多有才之士紛紛來投靠。其中有一個叫公孫鞅的人也來到了秦國。公孫鞅是衛國（今河南濮陽）的貴族，但卻得不到重用，於是也來到了秦國。

　　公孫鞅是衛國國君的後裔，承襲公孫氏，故此稱為公孫鞅（也稱衛鞅）。而且，公孫鞅一直喜愛研究刑名法術的學問。魏國的國相公叔座得知公孫鞅非常有才能，就派人把公孫鞅找來。然後，公叔座就讓公孫鞅擔任了中庶子的職務，並想把他引薦給魏惠王。當時恰逢公叔座身患重病，魏惠王親自前來探望公叔座。魏惠王對公叔座說：「如果國相您的病難以治癒的話，你認為什麼人可以擔當國相的重任呢？」公叔座就說：「大王，我認為我的中庶子公孫鞅可以擔此重

任。儘管公孫鞅年輕，但他非常有才幹。把魏國的朝政交給他掌管，我認為是十分妥當的。」哪知，魏惠王聽了以後什麼話也沒有說。公叔座就知道魏惠王不想重用公孫鞅。因此，公叔座叫旁邊的人都退下，並對魏惠王說：「大王，如果您不打算重用公孫鞅的話，就一定要殺死他。否則，公孫鞅到了哪個國家，哪個國家就會很快強大起來的。」魏惠王聽了以後，就同意了公叔座的建議。

然後，公叔座又派人叫來公孫鞅，並對他面帶歉意地說：「剛剛魏王問我什麼人能夠擔當國相的重任，我向大王舉薦了你。不過，我從大王的表情中覺得大王好像不是很樂意。作為魏王的臣子，我首先應該盡忠國君。於是我就向魏王建議假如不想重用你，就要殺死你。魏王同意了我的建議。因此，或許不久魏王就要派人殺你了，你還是趕緊逃走吧。」公孫鞅聽了以後，就對公叔座說：「如果魏王沒有聽從您的建議而對我委以重任的話，我想魏王也不會聽從您的建議殺死我的。」因此，公孫鞅並沒有立即離開魏國。

再說魏惠王離開國相府以後，對身邊的人說：「國相病得不輕啊，真令人難過。但是我問他誰可以擔當國相的時候，公叔座卻要我把國相的位子交給公孫鞅。難道公叔座是病的犯迷糊了嗎？而且，公叔座還說，如果不重用公孫鞅，就要殺掉公孫鞅。我覺得事情沒有那麼誇張啊。」就這樣，魏惠王並沒有把這件事放在心上，果真沒有重用公孫鞅，也沒有殺掉公孫鞅。

沒過多久，魏國國相公叔座就去世了，公孫鞅也打算另謀出路。這時，恰好秦孝公打算重振秦穆公時的威風，東進收復失地，成就一

番事業，並頒佈了法令遍訪全國有才能的人。公孫鞅知道了以後，就改名為衛鞅並來到了秦國。隨後，衛鞅通過秦孝公的親信景監的引薦，去拜見秦孝公。

於是秦孝公就接見了衛鞅，並與衛鞅暢談了許久的國事。但是，秦孝公覺得衛鞅講的內容非常枯燥，就邊聽邊打瞌睡。衛鞅走後，秦孝公就斥責景監說：「你怎麼找來一個這樣說大話的門人呢？這種人是不能被重用的。」於是，受到秦孝公斥責的景監就訓斥衛鞅。衛鞅卻對景監說：「我一直用古代堯舜的治國之道來進諫秦王，只是大王一直沒有領悟啊。」

幾天之後，景監再次請求秦孝公接見衛鞅。就這樣，衛鞅再一次見到秦孝公。衛鞅將自己的治國方略說得頭頭是道，卻仍然沒有說到秦孝公的心坎裡去。於是，秦孝公再一次怪景監不該引薦這樣的人。而且，景監也訓斥了衛鞅。衛鞅就說：「這一次，我是用夏禹、商湯、周文王以及周武王的治國之道進諫大王的，只是大王仍然不滿意，也沒有領悟這些道理。現在，我求您再讓大王接見我一次吧！」

不多久，秦孝公就接見了衛鞅。這一次，秦孝公對衛鞅的印象很好，只是並沒有重用衛鞅。事後，秦孝公對景監說：「你的門人很好，我現在可以很好地和他交談了。」景監把這些話告訴了衛鞅，衛鞅就說：「這一次，我是用春秋時期五位霸主的治國方略來勸說大王的，應該能符合大王的心意了。如果大王再次接見我的話，我就知道怎麼和大王交談了。」

果然不久之後，秦孝公又召見了衛鞅。這一次，兩人相談甚歡。

而且交談的時候，秦孝公不自覺地向前挪動膝蓋，一直談了好幾天都沒有感覺到疲憊。景監就問衛鞅：「你用什麼辦法讓大王那麼高興呢？」衛鞅回答道：「我曾經勸說大王採納古代帝王的治國方略，成就夏商周那樣的霸業。不料，大王卻認為那樣需要很久的時間，自己沒有那麼多的時間等待。大王說：『所有的君主都希望在位的時候能夠受天下人的尊敬和愛戴，我也做不到等到幾十年甚至更久的時間以後才成就霸業的。』」衛鞅接著說：「於是我就用富國強兵的治國方略來說服大王。果然，大王非常高興。只不過，這樣也就不能與殷周那樣的美德相提並論了。」

從此，秦孝公就重用了衛鞅，並聽從衛鞅的建議，決定改變秦國的法令。但是，秦孝公卻害怕百姓們指責自己修改法令。衛鞅就勸諫說：「做事的時候千萬不要瞻前顧後。如果不能做到果決，那麼很容易把事情搞砸。何況，超越一般人的行為，大多會遭到人們的議論的。大凡有遠見有卓識的人，極容易被普通人所不齒。因此，即便很多事情成功了以後，有一些愚笨的人仍然無法理解；而有些智慧超常的人在事情成功之前就能預料到結果。所以，成就大事的人，往往不能與凡夫俗子策劃新生事物，而只能與他們一起享受成果。也就是說，一個人若想研究道德的最高境界，就不能與世俗同流合污；如果一個人想要成就一番大事，就不能與一般人一起籌畫。故此，聖明的君主只要能使國家強大就好，不必在意是否按照古制；聖明的君主只要能使百姓安居樂業就是真正的明君，不必在意是否依照以前的禮制。」

聽到衛鞅這樣說，秦孝公非常高興，就決定實行變法。不過，這

一決定卻遭到了秦國的其它貴族和大臣們的極力反對。大臣甘龍對秦孝公說：「衛鞅說的並不對啊。聖明的君主往往按照舊有的禮法治理國家，並對百姓進行教化；睿智的人也常常不變更國家的法制，從而將國家治理得很好。因此，只有順應百姓的習俗並對百姓進行教化，這樣不用耗費多少精力就能教化百姓；依據以前的法令治理國家，臣民都會得到很好的教化，這樣國家也會穩定。」衛鞅反駁說：「大王，甘龍說的話是世俗人所持的觀點。普通人常常會有因循守舊的思想，而書生更是照搬書卷中的逸聞軼事。這兩種人雖說都是奉公守法的人，但卻不能被用來探討舊法以外的事情。夏商周三個朝代的禮法制度並不相同，卻分別成就了一番霸業；春秋五霸所採用的治國之道也不一樣，但都能成為一方霸主。這說明，有智慧的人制定禮法制度，愚笨的人只能遵守禮制；賢德的人變革禮法，普通人只能受到禮法的制約。」

這時候，秦國的大臣杜摯站出來說：「假如不能獲得上百倍的利益，我們就不能變革舊法；假如不能收到十倍的效用，我們就不可以變更現有禮制。因此，沿襲古代的法令，就不會犯錯；依照舊有的禮制，也不會出現任何的差錯。」衛鞅就反駁說：「自古以來，治理朝政就沒有任何固定不變的法制。只要新法能夠造福於國家，我們就不能因循守舊。因此，商朝的周武王因為沒有依循舊法而稱王，夏桀和殷紂只是因循古制而導致了亡國。也就是說，我們不應該苛責變法的人，也不讚賞因循守舊的人。」聽到這兒，秦孝公就說：「衛鞅講得非常好。」

於是西元前三五九年，衛鞅被任命為左庶長（官名），掌管秦國的變法。

立木為信

　　衛鞅擔任左庶長不久之後，就草擬了一份變革的法令。法令規定，十家為一什，五什為一伍。而且，大家互相監督。只要有一家觸犯了法令，那麼這十家都要受到牽連。對於奸邪之徒，告發他們的人就會受到和殺死敵人一樣的獎賞；不告發他們的人就會被處以腰斬；藏匿他們的人就會受到和賣國投敵一樣的處罰。同時，家中有兩個以上的壯丁的話，必須分開居住；否則，就要加倍收取賦稅。對於軍隊，衛鞅也制定了一定的制度，實行論功行賞。對於滋生是非的人，視其情節輕重進行處罰。從事農作物耕種的人，如果能夠使作物豐收與布帛產量增加，國家就會免去他們的勞役與賦稅。但是，如果有人因為經商而導致傾家蕩產的，國家就會把他們的妻子兒女貶為官府的奴婢。對於沒有在軍營中立功的王族，家族的名冊中就不會記載他們的名字。整個國家的等級要嚴格區分，尊卑固定。每個人按照等級的高低來決定擁有土地和房屋的多少。對於侯爵家中的家臣和僕人們所穿的衣服，要根據侯爵的等級來決定。因此，立軍功的人就會官居顯赫，沒有立功的人即便很有錢也不能光宗耀祖。

　　一切準備妥當之後，衛鞅擔心有人不相信自己的變法，也擔心有的人不遵照新法做事，於是衛鞅就對秦孝公說：「如果哪個國家想要

變得強大，就必須重視農業生產，並犒賞軍隊。如果國君向要使國家政治清明，就要賞罰分明。這樣，朝廷的威嚴和信用就會深入民心。那麼，所有的變革也就是很容易的事情了。」秦孝公覺得很有道理，就對衛鞅說：「很好，我非常相信你的能力，變革的事情就由你全權負責吧。」

為了取信於民，衛鞅就命人在都城的南門附近立了一塊高達三丈的木頭。衛鞅說：「能夠把這塊木頭扛到北門的人就可以得到十兩金子。」不大一會，南門就聚集了很多人，大夥都議論這件事情。其中有人說：「誰都可以搬得動這塊木頭，至於賞賜十兩金子嗎？」也有人說：「這可能是左庶長和大家說笑呢。」於是，這群人面面相覷，但仍然沒有人上前搬這塊木頭。

衛鞅明白大家還是在懷疑他的命令，就命人把賞賜提高到了五十兩金子。哪知賞金越高，大家就越覺得不可思議，依然沒有人搬木頭。就在這時，突然有一個人衝出人群，並大聲說：「左庶長，我來試一下。」說完，這個人果真把木頭搬到了北門。然後，衛鞅也信守承諾，派人上給了那個搬木頭的人五十兩金子。很快，全國都知道了這件事情，一時間引起了人們的議論。百姓們都說：「看來左庶長的命令是千真萬確的，一點都沒有騙我們啊。」於是，全國知道了衛鞅言出必行、信守承諾的為人。

這時，衛鞅明白自己的命令有了一定的效用了。於是，衛鞅就在全國公佈了已經草擬好的新法令。新法沒有實施多久，太子就違反了法令。大臣們都認為，太子是未來的國君，即便犯了錯也不能進行懲

罰。衛鞅就對秦孝公說：「其實，新法令實行得順利與否，關鍵看上層的達官貴人們是否可以遵守。全國的臣民都要遵守國家法令，如果國家的上層人士沒有遵守法令，那麼下層的人也就不會信任朝廷了。既然太子觸犯了法令，那麼他的師父就要受到懲罰。」就這樣，太子的兩個師傅公孫虞和公孫賈都受到了懲罰，一個被割掉了鼻子，另一個人臉上被刻了字。

衛鞅的這個變革規模很大，在全國引起了強烈的反響，也遭到了許多人的極力反對。其中，許多達官貴族們都極力抵制新法，紛紛議論新法的頒佈與實施。衛鞅就說：「這些反對新法的人也是干擾國家教化的人啊。」於是，衛鞅就命人把這些人放逐到了邊疆地區。從這以後，再也沒有人敢議論新法令了，百姓都遵守新法令了。

新法令頒佈的第二年，衛鞅下令廢除井田制度，實行開墾阡陌的制度。於是，衛鞅命人鏟平比較寬闊的阡陌地區，並且種植農作物。過去被用來劃定疆界的土堆、荒地、樹林、溝地等，也被開墾出來了。衛鞅還規定，開墾的土地屬於開墾者擁有。而且，朝廷允許土地買賣。同時，衛鞅還下令統一全國的度量衡。

新法實施的第三年，衛鞅規定，不准百姓中的父子兄弟們住在一個大家庭裡。而且，衛鞅下令將零散的鄉村合併成縣，並設立縣丞與縣令管轄這些縣。全國共有三十一個縣，這些縣的官員由朝廷統一派遣。這樣一來就加強了秦國的中央集權。因為衛鞅變革有功，秦孝公就讓他擔任了大良造的職位。也就是在這一年，太傅公子虔觸犯了新法令，被衛鞅施以割鼻之刑。

新法實施後的第四年，衛鞅勸秦孝公在咸陽建造宮闕。不久，為了進一步向東發展國土，秦國就把都城由雍城（今陝西鳳翔縣）遷往渭水北面的咸陽（今陝西咸陽市東北）。在這一年中，齊國與魏國在馬陵展開激戰，魏國戰敗。魏國的太子申被俘，將軍龐涓被射死。

新法實施後的第五年，衛鞅就對秦孝公說：「秦國和魏國的關係，好比人患了心腹疾病一樣。要麼是魏國佔領秦國，要麼是秦國佔領了魏國。原因是這樣的，魏國和秦國以黃河為界，魏國都城在安邑，全國處於群山地勢險隘的西面，佔據著崤山以東的地方。如果局勢對魏國有利，魏國就會西進侵擾秦國，若形勢不利，魏國就可以向東發展實力。秦國因為有了聖明的君主才得以國富民強，但現在的魏國則剛剛被齊國戰敗，許多諸侯也不再依附它了，大王可以藉此機會攻打魏國。以魏國現在的實力，必定抵擋不住大王的，肯定會向東後撤。一旦魏國東撤，秦國就可以佔領黃河和崤山的有利地形。這樣，秦國向東就可以牢牢掌控所有的諸侯國了，這是您一統天下的時機啊。」

聽了衛鞅的話，秦孝公覺得很有道理。於是，秦孝公就命衛鞅帶兵進攻魏國。魏國派出公子昂迎敵，雙方形成對峙局面。衛鞅就讓人送了一封信給公子昂，衛鞅在信裡說：「我和公子曾經相談甚歡，現在我們卻成了敵對的人。我不想看到我們互相殘殺，想和公子當面交談並簽訂盟約。我們可以盡情地喝酒，然後相約退兵。秦國和魏國都能得到安寧，這樣不是很好嗎？」公子昂覺得有道理，就同意了。兩軍會盟的時候，公子昂被衛鞅事先埋伏好的將士抓住了。同時，衛鞅又命秦軍乘勝進攻魏國的軍隊，魏國慘敗。魏國接連遭到齊國和秦國

的侵擾，國勢漸衰。為此，魏惠王十分後悔沒有聽從公叔座的建議。不久，衛鞅帶兵攻打魏國西部，從河西一直攻到河東，最後魏國都城安邑也被攻陷了。所以，魏國只好把河西割讓給秦國，並遷都大樑（今河南開封）。

衛鞅打敗魏軍以後，秦孝公就把於、商等地的十五個邑賞賜給了他，稱他為商君。從這以後，衛鞅就被稱為商鞅。

經過商鞅變法，秦國的實力大增，農業生產日漸增加，軍事力量逐漸增強，社會安定，百姓安居樂業。秦國的臣民勇於為國獻身，也沒有惹是生非的人。為此，周朝天子派人送來祭肉賜給秦孝公，並封秦孝公為「方伯」。而且，中原的許多諸侯國也都來祝賀秦孝公。

做法自斃

　　西元前三三八年，趙良前去拜見商鞅。商鞅對趙良說：「我們是通過孟蘭皋的介紹才得以相見的，我們做朋友，好嗎？」趙良卻說：「我從沒有奢求能和您成為朋友。孔子曾經說：『人們喜歡投奔引薦賢才並受百姓愛戴的人。如果一個人結交狐朋狗友，即便能讓國君成就霸業，人們也不會投奔他。』我沒有才能，所以不敢和你做朋友。我還聽人說過：『佔有不應該擁有的位置稱為貪位，擁有不應該擁有的名聲稱為貪名。』如果我和您結交，那麼我不但貪名，而且貪位了。因此，請原諒我不能聽從您的建議。」

　　商鞅就問趙良說：「難道是您對我的所作所為不滿意嗎？是我沒有將秦國治理好嗎？」趙良回答說：「聰指善於採納別人的建議，明指善於自我反省，強指善於自我控制。虞舜曾經說：『自謙的人就能夠得到別人的敬重。』您只需要按照虞舜的說法去做，根本不用詢問我。」

　　商鞅就說：「秦國的居住習俗曾經和戎狄一樣，父子同住，男女老幼也住在一起。現在，我讓他們懂得男女之別並分開居住，改善了秦國的教化。同時，我建議大王建造宮室，就像魯國和魏國那樣華麗。您覺得我和五羖大夫相比，誰比較有才能呢？」趙良回答說：

「即使是一千張羊皮，也不如一領狐腋金貴。即便是一千個人同時附和，也不如一個人的仗義執言有用。周武王曾經允許朝廷大臣大膽進諫，因而國家能夠繁榮昌盛。紂王則不允許大臣們進諫，最終導致亡國。假如您同意武王的做法，就請讓我直言相告而不受責備，可以嗎？」

商鞅就說：「古語說，表面上中聽的話語好像是花兒，而真正至誠的話語則是果實。極力勸解卻中聽的話是治療疾病的良藥，而阿諛奉承則是惱人的病痛。假如您能夠每天勸誡我，那對我是再好不過了。並且我打算奉您為我的老師，您怎麼不答應和我做朋友呢？」

趙良回答說：「您也知道，五羖大夫曾經是楚國偏遠地方的鄉里人。他聽說秦穆公是一位明君，就想去拜見。但是他卻沒有去秦國的路費，只好把自己賣給一個秦國人。就這樣，他每天穿著粗布衣服給秦人餵牛。一年之後，秦穆公聽說了這件事情，就給了他很高的官職，凌駕於萬人之上。然而，秦國人沒有一個人抱有怨言。五羖大夫擔任秦國相共有六年，曾經東討鄭國，三次擁護晉國國君，一次出兵援救楚國。而且，五羖大夫在管轄範圍內對百姓實行教化，巴國向秦國進貢；對各個諸侯施行仁政，周邊的少數民族都朝見秦國。有個叫由余的人聽說了以後，就去拜見並投靠五羖大夫。五羖大夫擔任國相的時候，再怎麼疲憊也不坐馬車，再炎熱的天氣也不撐傘。而且，五羖大夫遍訪全國，卻不讓隨從跟隨。所以，五羖大夫的英名永載史冊，保藏在府庫之中；五羖大夫的仁義德行也永遠被後人記住了。因此五羖大夫去世的時候，秦國上下一片哀痛之聲，兒童也不唱歡快的歌了，正舂米的人也由於悲傷過度而發不出任何的聲音了。所以，這

些都彰顯了五羖大夫的美德。但是，您是因為秦孝公的親信景監才被召見的，所以說也就沒有什麼聲名了。您作為秦國的國相，不但沒有為百姓謀福，反而建議大王大肆修築宮殿，這也不是什麼豐功偉績啊。而且，您懲罰太子的師傅，對百姓施以嚴酷的刑罰，這其實是在積聚災禍啊。您應該知道，教化百姓的作用要大大地超過命令百姓的作用，百姓也會極為迅速地仿效上層人士的行為。況且，您現在被封為商君，掌管商於之地，卻經常用新法令對付秦國的貴族們。《詩經》裡說：『相鼠尚且還懂禮貌，為什麼人卻不能講求禮儀呢？人既然不講求禮儀，為什麼不趕緊死去呢？』這樣說的話，我實在不好恭維您什麼了。在公子虔閉門八年以後，您又命人殺掉了祝歡，並把公孫賈處以墨刑。《詩經》裡說：『得到民心，國家就會發達興旺；喪失民心，國家就會滅亡。』您做的這些事，都不得民心啊。每當您外出的時候，您就會派數十輛車跟在後面。而且，車上站滿了穿著盔甲的士兵。您身邊都是一些健壯的護衛，他們手持矛戟緊緊跟著您。您的外出，必定少不了他們，否則恐怕您就不敢外出了。《尚書》中說：『依靠仁政，國家就會繁榮；依靠武力，國家就會滅亡。』您現在面臨的情形好比是晨露，有馬上消失的危險。您還想著長命百歲嗎？那麼就把商於等十五個封邑歸還給秦國。同時，您要勸諫秦孝公任用那些隱居的賢人，侍奉老人，照顧孤兒，使兄弟相親相愛，社會等級分明，敬重德才兼備的人，只有這樣，國家才可以長治久安啊。而且，您要親自到偏遠的地區耕種。假如您繼續貪圖商於的財富，仍然獨攬朝政，那麼您只會繼續增加百姓對您的仇恨。如果有一天，秦國規定禁止外來的賓客執掌朝政，那麼將會有很多人等著抓您。那時，您被殺的日子就好比人們抬腳那樣迅速地到來啊。」然而，商鞅並沒有聽取趙良的建議。

五個月以後，秦孝公去世了，太子嬴駟繼位，即秦惠文王。公子虔等人就對秦惠文王說：「商鞅想弒君篡位。」而且，秦惠文王還是太子的時候曾因觸犯新法而被商鞅懲罰了自己的師傅，秦惠文王心裡非常不滿，就下令逮捕商鞅。

商鞅無奈之下，只好逃到邊境，打算投宿。客棧的老闆並不知道他是商鞅，就對商鞅說：「商君有命令，如果店主讓沒有證件的人住宿的話，店主和住宿的人要一起受到懲治。」所以，這個老闆堅決不讓商鞅住宿。商鞅就感歎地說：「沒想到新法的禍端竟然到了如此的地步。」於是商鞅就決定離開秦國而去魏國。

但是商鞅曾經用計策騙過魏國公子昂以及戰敗魏國，因此，魏國百姓十分痛恨他，更不願意讓商鞅待在魏國。商鞅又想投奔其它國家，但被魏人抓住了。魏國人認為，商鞅既然是強大的秦國的逃犯，那麼我們抓到後，就應該送給秦國。就這樣，商鞅被送回了秦國。

商鞅一回到秦國，就偷偷到跑到了商於。同時，商鞅與手下的將士密謀，北攻鄭國來謀求出路。秦國派兵討伐商鞅，並在鄭國的黽池逮捕了商鞅。秦惠文王就問大臣們：「按照商鞅的法令，應該怎麼懲治謀反的商鞅呢？」大臣們都說：「處以車裂，誅殺全家。」於是秦惠文王就將商鞅五馬分屍，並誅殺了他的全家。

商鞅變法使秦國強大富足起來，為以後秦始皇統一中國奠定了基礎。但是商鞅的變法過於苛刻，比如實行連坐、肉刑等嚴酷的刑罰，而且，商鞅的論軍功行賞制度遭到了貴族的不滿，許多達官貴人都憎恨他。最終，商鞅死於自己的車裂法，人們都說這是做法自斃。

孟嘗君列傳

相門有相

孟嘗君，姓田，名文，父親是靖郭君田嬰。

田嬰是齊威王的小兒子、齊宣王的弟弟，從齊威王開始，他就開始任職當權了。西元前三一八年（齊宣王二年），田嬰和孫臏與田忌三人帶兵為救援韓國而去攻伐魏國，在馬陵打敗了魏國軍隊，俘虜了魏國太子申，還殺了魏國將軍龐涓。西元前三一三年（齊宣王七年），田嬰被派出使韓國和魏國，說服韓昭候和魏惠王在東阿與齊宣王會盟，逼韓國和魏國臣服於齊國。西元前三一一年（齊宣王九年），齊宣王任用田嬰為齊國宰相。這一年，齊宣王與魏襄王經過了徐州盟會，互相稱對方為王。

楚威王知道了這件事情以後，他以為是田嬰策劃出來的，因此他十分憤怒，於是就下令出兵攻打齊國。在徐州齊國軍隊被打敗，楚威王派人追捕田嬰。田嬰派張丑去遊說楚威王，楚威王才算善罷甘休。田嬰在齊國任宰相的第十一年，齊宣王去世，齊閔王繼承王位。西元前二九九年（齊閔王三年），齊閔王賜薛邑為田嬰的封地。

田嬰有四十多個兒子，田文是田嬰的小妾所生。田文是五月五日出生的，田嬰認為五月五日出生的孩子對父母非常不利，就讓田文的母親將他遺棄，但是田文的母親不忍心，就偷偷將他撫養長大。

田文長大成人後，他母親就讓他的哥哥將他帶到田嬰面前。當田嬰知道他就是那個五月五日出生的孩子後，十分生氣，對他母親說：「我不是讓你把這個孩子扔掉嗎？你竟敢偷偷將他養大了，豈有此理，這是為何啊？」田文的母親看到田嬰生氣了，十分害怕，不知該如何回答他。此時，田文卻叩頭大拜田嬰，然後反問他說：「為何您不讓撫養五月五日出生的孩子呢？」田嬰回答說：「凡是五月出生的孩子，會長得跟門戶一樣高，對父母非常不利。」田文問：「照這樣說，人的命運是上天安排的呢，還是門戶安排的呢？」田嬰聽了之後，一時不知該如何回答，就沉默了。於是，田文就說：「如果人的命運是上天安排的，您自然不必擔憂。假如真是門戶安排的，您只需要加高門戶不就行了！」田嬰自然是無言以對。

　　過了不久，田文問他父親說：「父親，兒子的兒子應當如何稱呼？」田嬰回答說：「叫孫子。」田文繼續問：「那麼，孫子的孫子該如何稱呼？」田嬰回答說：「叫玄孫。」田文又問：「那麼，玄孫的玄孫該如何稱呼呢？」田嬰說：「我不知道。」田文說：「如今，您擔任宰相執掌著齊國的大權，並且經歷了威王、宣王、閔王三代君王，但是，齊國的領土卻沒有任何的增加，您個人卻累積了萬金的財富，而且門下連一位賢能的人都沒有。我聽說，將軍門下出將軍，宰相門下出宰相。如今，您看您的姬妾的綾羅綢緞都穿不完，被踩在腳底下，但是那些賢士們連粗布短衣都沒得穿；您的男僕女奴的飯食肉羹都吃不完，但是賢士們卻連裡腹的糠菜都不足。但是，您卻仍然在不斷累積財富，你要這麼多財富有何用呢？你難道不想將這些留給那些忘記國家已經一天天衰弱的人嗎？我非常奇怪，您從來沒有考慮過這些嗎？」

田嬰聽了田文的話，對他的態度大大改變，非常器重他，命他主持家政、接待賓客。從此，田家的賓客絡繹不絕，越來越多，田文的名聲也逐漸在各諸侯中傳了開來。各諸侯國十分敬佩田文的賢德，於是紛紛派人到田嬰那裡要求立田文為世子，田嬰對兒子田文也是十分喜歡，於是就答應了。田嬰去世後，田文就繼承了田嬰的爵位，即世人所稱的孟嘗君。

　　孟嘗君依舊在薛邑居住，他廣招賢士，很多人都歸附了他。孟嘗君是一個非常尊重賢士的人，他寧願將家業放棄也會給予他們豐厚的待遇，因此，天下的賢士都欣然前往。最後，他門下的食客多達幾千人，但是他卻不分貴賤，一律平等對待。孟嘗君在接待賓客的時候，總會安排侍史在屏風后記錄他們的談話內容，當他們離去後，他就會根據記載的賓客親戚的住處，派人到賓客的親戚家裡送上禮物以示慰問。有一次，孟嘗君請賓客前來吃晚飯，但是，有個人卻無意將燈光蓋住了，於是，那個賓客十分生氣，認為他吃的飯食品質肯定和孟嘗君不一樣，於是，他將碗筷放下就向他辭別要離開。孟嘗君看到後，就立刻將自己的飯食給他看，自然飯食是一樣的，並沒有絲毫差別。那個賓客看到後感到十分慚愧，就向孟嘗君自殺謝罪了。

　　秦昭王聽說孟嘗君十分賢能，希望孟嘗君到秦國，就派涇陽君到齊國當人質想要互換。於是，孟嘗君就打算去秦國，賓客們知道後紛紛阻攔他。但是孟嘗君卻主意已定，其中一個叫蘇代的賓客說：「今天早上，我在外面時看見一個木人和一個土人在交談。木人說：『天上如果下雨，你就會坍毀。』土人回答說：『我是泥土做的，即使坍毀也是到泥土中罷了。但是如果真的下雨了，水就不知會將你沖到哪

裡。』如今的秦國是個十分貪婪兇狠的國家，您要執意前往，如果將來回不來，恐怕土人也會嘲笑您吧？」孟嘗君聽後知道自己錯了，就取消了行程。

西元前二九九（齊湣王二十五年），齊湣王又提出讓孟嘗君出使秦國，因為他一值得不到齊湣王的重用，所以他就欣然前往了。孟嘗君到了秦國，就被秦昭王任命為了秦國的宰相。這正是他所說的「相門有相」啊！

雞鳴狗盜

　　秦昭王讓孟嘗君擔任秦國宰相之後，因為孟嘗君的威信聲望很高，秦昭王對孟嘗君又十分信任，這引起了秦國一些大臣的不滿。

　　於是，就有大臣僚勸說秦昭王道：「孟嘗君是一個又賢能的人，大家都認同。但是他是是齊王的同宗，如今到秦國擔任宰相，他要考慮的事情肯定會替齊國先打算，然後才是秦國，這樣下去秦國可就難免會出現危險呀。」秦昭王聽後認為不無道理，就將孟嘗君罷免了，而且軟禁了起來，想要殺掉他。

　　孟嘗君的門客得知這一情況後，就趕緊向秦昭王最寵愛的妃子請求幫助。那個妃子答應幫他，但是有個條件，想要孟嘗君來秦國時帶的那件白色狐皮裘。孟嘗君來秦國的時候，確實帶著一件白色狐皮裘，天下無雙，很珍貴，價值千金，但是已經給了王后，如今到哪裡去找一件這樣的皮裘呢？

　　孟嘗君知道了以後，很焦慮，但是也不知道該如何是好。他只好向他的門客們詢問辦法。其中一個擅長偷盜的門客說：「我可以將那件白色狐皮裘拿到。」於是，他就在晚上化裝潛入了秦宮的倉庫，將那件狐白裘偷了出來，獻給了秦昭王的寵妃。秦昭王的寵妃妾得到了

夢寐以求的白色狐皮裘，心裡自然十分開心，於是，他就秦昭王替孟嘗君求情，最後孟嘗君被釋放了。孟嘗君獲釋後，料到秦昭王可能會反悔，就立刻將出境證件偷改了姓名，逃出了秦國都城。他們一路快馬加鞭，到達函谷關的時候已經半夜了。

果然不出所料，秦昭王沒多久就後悔了，他派人去找孟嘗君，發現他逃走了，於是馬上派人前去追捕他。當時，孟嘗君已經到了函谷關，不過是半夜，城門已經關了，不能過去。按照當時的規定，雞叫的時候才會開門。孟嘗君心中十分焦急，如果追兵趕到了他就完了。此時，他門客中有一個會雞叫的人對他說：「別擔心，我可以讓城門開。」接著，他就開始學雞叫，他一叫，附近的雞聽到後也就跟著叫了起來，一時到處都是雞鳴。守城軍聽到雞叫後就將城門打開了，孟嘗君順利出關。孟嘗君出關不久，追兵就趕到了，但是孟嘗君早已走遠，他們也追不上了。

當初，孟嘗君接收擅長偷盜的那個人和學雞叫的人時，其它的賓客都感到非常的羞恥，覺得他們兩個沒有其它才能，是到這裡騙吃騙喝的。同時，還指責孟嘗君接收門客不分人，什麼都收留。如今，孟嘗君和大家都遭難了，卻是依靠這兩個人才得以被解救。此後，大家再也不埋怨孟嘗君了，反而認為孟嘗君不分人等的做法非常明智。

孟嘗君在秦國遭到了這麼大的劫難，齊閔王認為是自己派他而去造成的，心裡也十分愧疚，於是，當孟嘗君回到齊國後，齊泯王就讓他當了齊國宰相。

孟嘗君因此對秦國產生了怨恨，他想到齊國曾經幫助韓國、魏國

攻打過楚國，於是，他就想要聯合韓國、魏國前去攻打秦國，所以他就向西周提出要借兵器和軍糧。

　　蘇代出面對孟嘗君說：「齊國當時用了九年的時間幫助韓、魏攻打楚國，最後取得了宛、葉以北的地區，結果呢？韓、魏兩國越來越強大。如果現在去攻打秦國，那麼也就只會讓韓、魏的力量更加強大。韓、魏如果沒有楚、秦的威脅，那麼齊國的處境就非常危險了。韓、魏強盛肯定不會把齊國放在眼中，這樣的形勢連我都有危機感。與其這樣，還不如讓西周與秦國交好，你只要把軍隊行進到函谷關但是不要進攻，西周則將你的情況告知秦昭王說：『孟嘗君肯定不會攻打秦國來增強韓、魏的勢力，他不過是想借助大王的力量讓楚國將東國給予齊國，並請求可以把楚懷王釋放出來。』這個辦法不僅可以避免秦國被攻破，而且還可以用楚國的地盤保護自己，秦國有什麼不願意的呢？楚王被放了出來，這也是齊國的功勞，他肯定會感謝你。而齊國得到了東國，也勢必會越來越強大。薛邑今後的世世代代將沒有憂患了。秦國是一個強國，作為韓國、魏國的西鄰，韓、魏也一定會憂慮而依重齊國啊。」孟嘗君採納了他的意見，因此，齊、韓、魏三國都避免了戰爭。

馮諼客孟嘗君

　　孟嘗君喜歡廣招門客，門下有食客三千，但是並不是每個都是賢士，也有很多在這裡專門吃閒飯的人。其中有一個人叫做馮諼，他實在是沒有了出路，就來找孟嘗君，想要在他門下得到一口飯吃。於是，孟嘗君問他說：「不知您有何愛好？」馮諼搖頭說沒有。又問：「你有何才能呢？」馮諼再次搖頭說沒有。孟嘗君聽後沒說什麼，只是笑了笑，讓他待在自己門下。

　　馮諼一無是處，自然被用人們看不起，於是，他每天得到的只是粗茶淡飯。幾天後，馮諼不滿意，抱怨說沒有魚吃，於是，孟嘗君就給了他魚吃。又過幾天，馮諼不滿地說沒有車用，於是孟嘗君給了他車。後來幾天，馮諼不滿地說沒有錢財養家，孟嘗君知道他家中有一老母后，就讓人按時給他母親吃穿的費用。從此，馮諼就不再有什麼不滿的了。

　　孟嘗君的門下的食客多達三千人，但是他食邑的賦稅根本就養活不了這麼多的人，於是，他就命人到封地薛邑放債來增加收益。但是，因為年景不好，很多借債的人都拿不出利息，孟嘗君府中的用度成了問題。

無奈之下，孟嘗君只好派人去催收利息，但是去了幾個人都沒有收到。由於收不到利息，孟嘗君十分焦慮，他就向左右的人：「誰可以去薛邑收債呢？」其它的門客都不願意去，因為這個差事並不好處理，就都說：「不如讓馮老先生前去吧，他是一個長者，而且看上去十分聰慧精明，肯定能夠將利息收回來。」於是，孟嘗君就找來了馮諼，對他說：「如今，我門下有三千多食客，但是我的食邑卻不能夠供養這麼多的人，因此我為了增加收入，就在薛邑放了點債。但是，薛邑今年收成不好，很多人的利息都沒有付，這樣一來賓客連飯都會吃不上了，我希望先生可以代我到那裡去討要債務，不知如何啊？」馮諼聽了孟嘗君的話，就到薛邑去收債了。

　　到薛邑後，馮諼將借錢的人集合到一起，收到了利息十萬錢。但是他卻沒有將錢送回去，而是擅自釀造了很多酒，買了牛。他將那些欠債的人又集中起來，並將契據帶來要核對一下。大家來了之後，他就將牛殺掉燉肉辦酒席，讓大家吃。當大家吃肉喝酒正高興的時候，馮諼就開始和他們核對契據，如果此人有能力付利息，那麼他就給這個人定下一個還款期限；如果此人實在太窮沒有能力付利息，那麼他就當場將契據燒掉了。做完這些後，他對大家說：「孟嘗君向大家貸款，是想要給沒有資本的人提供資本讓他能夠生產；現在他向大家要債，是因為他沒有錢財可以供養那些賓客了。現在有錢的要在約定期限還上債，沒錢的就將契據燒掉不用償還了。」在場的人對他很感激，都紛紛站起來向他連行了兩次跪拜大禮。

　　孟嘗君正在等著馮諼討要回來的債務，沒想到卻得到了他燒毀契據的消息，因此他十分生氣。於是他就將馮諼叫來，說：「如今賓客

連飯都沒有得吃了，先生卻將收到的錢就辦酒席，還把契據燒了，這是為何？」馮諼回答說：「您以前問過我您缺什麼，我看了一下您宮中缺的不過是『仁義』，於是我就用債款給您把『仁義』買回來了。」孟嘗君不解，問：「買仁義？這又是怎麼回事？」馮諼回答說：「您現在只不過擁有小小的一個薛地而已，如果不懂得愛百姓，卻用商賈的方法向百姓要利益，怎麼可以呢？所以我就替您做主，將債款賞給了百姓，百姓聽到後就大呼您『萬歲』，這不就是為您買『仁義』嗎？」孟嘗君聽後非常不爽快，只是說：「好了，你下去吧！」

沒過多久，齊閔王聽了秦國和楚國散佈的謠言，認為孟嘗君名聲過大已經超過自己，想要獨霸齊國大權，就將孟嘗君罷免了。那些門客看到孟嘗君被罷免了，就紛紛離他而去了。孟嘗君此時只能到他的領地薛。在距離薛還有百里的地方，薛地百姓就全都到路上迎接他了，孟嘗君看到這個情況就對馮諼說：「先生為我買的『仁義』，我今天總算看到了。」

馮諼繼續為他出謀劃策說：「俗話說：兔有三窟才可以免遭災禍。如今，您才只有這一個洞，肯定還是不行的，我願意再為您挖出兩個洞。請給我一輛車子，我會讓您得到更加顯貴的地位，得到更多的食邑。」孟嘗君答應了他，給他準備車子，還有黃金以及禮物。

馮諼來到魏國，對魏惠王說：「天下的人到魏來，都是想要魏國強大起來而削弱齊國；天下的人到齊國，都是先要想國強大而削弱魏國。如今，可以讓齊國得到天下尊敬的人是孟嘗君。但是，齊國國君卻因謠言將孟嘗君罷免了，孟嘗君肯定十分恨他，必會遠離齊國。如

果他來到魏國，那麼魏國就相當於掌握了齊國從上到下的國情啊，如此一來，您將得到整個齊國的土地還不是輕而易舉？現在，您應該立刻帶著厚禮暗中去迎接孟嘗君，千萬不要錯過良機！假如齊王反應過來，重新用孟嘗君，將來誰是強者就不一定了。」魏惠王認為很有道理，就立刻派了十輛馬車帶著百鎰黃金去迎接孟嘗君了。

馮諼辭別魏惠王，趕緊在魏國使者之前趕回齊國，對齊閔王說：「大王，我聽說魏國已經派出使者帶著百鎰黃金前來迎接孟嘗君了。如果孟嘗君到魏國當宰相，那麼天下恐怕就是魏國的了，這樣臨淄、即墨就危險了。大王應當在魏國使者來之前向孟嘗君道歉，恢復他的官位，增加他的封邑。這樣一來，孟嘗君肯定很高興，願意回來。即使魏國再強大，也不能搶他國的宰相呀。如此一來，魏國的陰謀就不能得逞了，稱強稱霸的計劃也就實行不了了。」

孟嘗君自然沒有答應魏國的使者。齊閔王聽了馮諼的話，也將孟嘗君官復原職，繼續任宰相，還增加了他的封邑。馮諼對孟嘗君說：「如今，你三個洞都已經建造好了，你也可以高枕無憂了。」果然，孟嘗君在齊當了幾十年宰相，沒有任何的禍患降臨，不得不說都是馮諼的功勞啊！

平原君虞卿列傳

毛遂自薦

　　毛遂，戰國時期薛國（齊國公子孟嘗君田文的封邑，今山東省棗莊市）人，年輕時游趙國，成為趙國公子平原君趙勝的門客。平原君趙勝的父親是趙武靈王，哥哥是惠文王。趙勝是諸多公子中最有賢德、最有才能的人，禮賢下士，喜歡廣招門客，因此，在他的門下有幾千賓客。毛遂在平原君那裡待了三年也沒有機會得以展露鋒芒。但是，在趙孝成王九年，他自己推薦自己出使楚國，最後成功說服楚國前來救援趙。從此，他就聲威大振，獲得了「三寸之舌，強於百萬之師」的盛譽。

　　西元前二五七年（趙孝成王九年），長平之戰結束後，秦昭王就派兵將趙國都城邯鄲圍住了。趙孝成王派平原君去楚國求援，準備推舉楚國為盟主，訂立合縱盟約聯兵抗秦。平原君於是就從門客中挑選出來了二十個有勇有謀、文武兼備的人跟隨自己前往。平原君吩咐說：「如果我們能夠和楚國順利談判成功，那自然再好不過了。但是楚國如果不同意，我們也要威脅楚王將盟約訂立下來，只有取得了合縱盟約我們才可以回國。我們帶二十個文武之士前去，這些人就從我的門客中挑選吧。」最後，他們從中選了十九個人，竟然再也選不出來了。可是還差一個人呢。

此時，門客中有一個叫毛遂的人就來到了平原君的面前，對他說：「我聽說您要去楚國，要讓楚國做各國的盟主並且訂下合縱盟約。你想要從門客中找二十個人一起去，但是現在還差一個人。如果可以，我希望能夠補足您這一個人的名額，不知您答應不答應？」平原君看到面前的人，居然沒有一點印象，就問他說：「不知道先生在我的門下寄居幾年了？」毛遂回答說：「已經整整三年了。」平原君聽了後說：「世上有才能的賢士，就好比是在口袋裡的錐子一樣，口袋是掩藏不住它的鋒尖的，即使再鈍也會顯露出來。先生在我門下已經三年了，但是，卻從來沒有人對我說起過你，也沒有稱讚、推薦過你，看來，先生肯定沒有太大的才能，還是好好留在這裡吧。」毛遂沒有放棄，依舊說：「給我一個機會吧，就當是我今天才放在口袋中。如果我早在口袋中放著，那麼，我露出來的不僅僅會是一個鋒尖，而是整個錐鋒。」平原君聽他這麼說，就欣然同意讓他前去。其餘的十九個人看到毛遂如此自不量力，都互相看了一眼，心中對他十分不屑，甚至還暗暗嘲笑他。

在前去楚國的路上，那十九個人想要嘲笑毛遂，但是毛遂在同他們談論、爭議天下局勢後，他們都不做聲了，並且對其刮目相看、無比佩服。

平原君帶著眾人到了楚國，開始和楚王談判。他們一再向楚王表明利害關係，但是，談判從早晨持續到中午，楚王還是沒有答應下來。此時，那十九個人按耐不住，就支持毛遂前去支持平原君說服楚王。毛遂也毫不客氣，手中緊緊握著劍柄，一路來到了殿堂上。他對平原君說：「合縱說的不是『利』即是『害』，也就兩句話的事情，

為何從早晨到現在談了這麼久，還是沒有定下來呢？」楚王看見毛遂公然來到了殿堂上，就問平原君說：「這是何人？」平原君回答說：「哦，他是我的家臣。」楚王聽了後，就高聲訓斥毛遂說：「你到這裡幹什麼？還不趕緊下去，我在和你的主人談判，你到這裡幹嗎！」

　　毛遂聽了楚王的訓斥，沒有絲毫的畏懼，反而緊握手中的劍柄走到楚王面前說道：「大王，你敢如此訓斥我，只不過是依靠你們楚國人多勢眾罷了。現在我不過距離你十步之遠，在這樣的距離裡，即使你們楚國有再多的人，你也是依靠不了的，可以說，大王您的性命已經被我掌握在手裡了。你當著我主人的面這樣訓斥我，是為何呢？我聽說，從前商湯僅憑藉著七十里大小的地方就將天下統治了，周文王則憑藉著百里大小的地方就讓天下的諸侯臣服了，這是為何？是因為他們士兵眾多？不是的，只是因為他們善於把握天下的勢，以此來發揚自身的權威而已。現在，楚國有著縱橫五千里的領土，士兵多達百萬，這樣的勢力如果爭王稱霸也是沒有問題的。楚國如此強大的勢力，天下的任何一個諸侯也是比不了的。秦國雖然強大起來了，在您面前也不過是一個區區小國而已。秦國僅以幾萬人的兵力同楚國作戰，第一次就將鄢城郢都攻克了，第二戰則攻下了夷陵，第三戰就讓大王的先祖蒙受了極大的侮辱。這些對楚國來講，應當是百世的仇恨，我們趙王都為此感到恥辱。可是你呢，卻沒有絲毫的羞愧。我們現在提出合縱盟約，並不是為了趙國，而是為了楚國，為了您！但是你卻在我的主人面前如此呵斥我！」

　　毛遂的這番話讓楚王無言以對，馬上轉變了態度，連連說：「是，先生說的十分有理。我一定會盡全力去履行合縱盟約。」毛遂

聽後，接著問：「您確定要實行合縱盟約了？」楚王回答說：「確定。」然後，毛遂就用命令的口氣對楚王的左右吩咐道：「將雞、狗、馬的血拿來。」毛遂親自捧著銅盤在楚王面前跪下說：「大王，請您先吮血表示對合縱盟約的誠懇確認，然後我的主人同樣會吮血，最後輪到我。」就這樣，楚國的合縱盟約成功了。

平原君完成了合縱盟約的簽訂回到趙國後，說道：「我自認為是一個識才的人，觀察的人少說有上千，今後我再也不會單純依靠觀察來識別人才了。現在我竟然將毛先生給遺漏了，差點讓我錯失人才啊！毛先生到了楚國，使得趙國獲得了比九鼎大呂的傳國之寶還要尊貴的地位。毛先生依靠著那能言善辯的嘴，竟然比百萬大軍的還要有威力。此後，我一定要認真挑選人才，不能剛愎自用了。」於是毛遂被平原君尊為了上客。

解邯鄲之圍

　　長平之戰可以說是趙國最黑暗的時刻，對於平原君來說，是他一生最不能最大的敗筆。但是，在他的主張下，一定要接手上黨地區，而且他還贊成任用趙括，結果，在戰爭中趙國損失了四十萬精兵，從此趙國也就開始了衰敗之路。但是，就當時的形勢而言，如果上黨地區被秦國佔領了，那麼趙國的處境也就非常危險了，等於失去了一個屏障，直接向秦國打開了大門。秦國攻打趙國也不過早晚的事情，以此為藉口罷了。

　　長平之戰失敗了，可是平原君並沒有迷失方向，不知所措，在秦軍包圍邯鄲後，平原君一邊讓人到魏國請信陵君前來救助，一邊親自到楚國請求支持。在出使楚國的時候，他憑藉著門客毛遂的智慧，最終說服了楚王讓春申君前來救趙。

　　魏國的信陵君魏無忌說服魏安釐王出兵救趙，魏安釐王同意後，派將軍晉鄙領兵十萬救趙。但是，秦王卻威脅魏王說：「如果誰敢救趙國，那麼在攻下趙國後，就第一個打誰！」魏安釐王聽到後，感到害怕了，於是就命令將軍晉鄙在鄴停止了前進，就地築壁壘。雖然說是要救趙，但是卻沒有實際行動，只是在觀望形勢而已。平原君看到後，十分生氣，就寫信責怪信陵君。信中說：「當初和魏國結親，就

是因為看到信陵君具有高尚的道義，可以幫助他人，所以依託魏國的。但是，現在邯鄲已經陷入危機，恐怕就要被秦國佔領，但是魏國卻遲遲不願意出兵相救。信陵君如此這般怎麼可以說是能幫助別人擺脫危難呢？即使信陵君不重視我趙勝，那麼，你就不顧念你的姐姐？」平原君的夫人就是信陵君的姐姐。信陵君看到平原君的信，心中自然很愧疚，就請求魏王出兵，但是魏王始終都不同意。最後，他只好採用了偷兵符的辦法前去救援趙國了。

雖然楚國已經派出春申君帶兵前來救援趙國，魏國的信陵君也已經成功奪得軍權向趙國趕去，但是此時邯鄲的情況已經十分危急了，眼看就要被攻破，可是援軍還沒有到達。平原君看到這樣的情景，心中十分焦慮。

此時，邯鄲一個小官員的兒子李同問平原君說：「您是不是在擔心趙國會滅亡呀？」平原君回答說：「那是自然，如果趙國滅亡了，我就要成為俘虜了，怎麼能夠不擔心國家危亡呢！」李同說：「如今的邯鄲城確實已經到了最危急的時刻，你看城中的百姓都將人的骨頭當柴燒了，買賣孩子換取糧食吃。但是您的後宮卻有數百的姬妾侍女，個個都穿著絲綢繡衣，宮中的飯菜都吃不完，而百姓則是衣不蔽體，即使連酒渣穀皮都沒有得吃。百姓如今貧困，就連兵器都沒有，人們只能將木頭當做長矛使用，但是您看您的珍寶玩器、銅鐘玉磬依舊沒有任何的損失。如果秦軍真的攻入了邯鄲城，那麼您恐怕也不會再擁有這些東西了吧？不如，您現在將夫人以下的人編排到士兵中，將家中的東西分給士兵用。士兵看到您這樣做，肯定會十分感激的。」

平原君聽後，認為很有道理，就按照他說的做了，編排出了一個忠於他的三千人的隊伍。此時趙國的軍隊因為在長平之戰中大大受損，國內已經沒有太多的軍事力量，大家都很氣憤，一個個士氣都很高。這三千人的隊伍也是信誓旦旦，想要和秦軍決一死戰。秦軍也則被擊退了三十里。巧的是，楚、魏救兵也正好到達，秦軍看到自己兵力不敵，就撤走了，邯鄲城終於得到解圍。

平原君的門客虞卿認為平原君在這次的解圍中為趙國立下了很大的功勞，因此，建議平原君以此為由，向趙孝成王請求增加自己的封邑。公孫龍知道了這件事情後，就連夜趕到平原君處，對他說：「我聽說，虞卿建議您向趙孝成王提出增加封邑，是這樣的嗎？」平原君回答說：「是啊，有這麼回事。」公孫龍說：「我認為您這樣做是不應該的。您之所以可以擔任宰相，不是因為您的聰明才智是趙國其它人不能比的；您得到了東武城的賞封，也不是因為您之前立下了什麼功勞，這些全都是因為您是國君的近親。您在被任命宰相的時候沒有因為自己沒有才能而推辭，在得到封邑的時候也沒有因為自己沒有功勞而拒絕，因為您是國君的近親，所以您坦然接受。如今，您為保衛邯鄲立下了功勞，卻要求和普通一樣論功行賞，顯然是很不妥當的。虞卿他對您如此建議，無論事情成功與否，他都有著主動權。成功了，那麼，您就要對他十分感激，給他一定的報償；不成功，那麼，您還要感激他，因為他一心為您著想、為您爭功求封了呀。因此，我認為您還是不要聽從他的建議。」於是，平原君就果斷拒絕了虞卿的建議。

西元前二五一年（趙孝成王十五年），平原君去世，他的後代子孫一直承襲著他的封爵，直到趙國覆滅。

虞卿說趙王

　　虞卿是一個十分有才之人，他擅長遊說他人，他想遊說趙孝成王，於是他就穿著草鞋、打著雨傘來到了趙國的都城。他第一次見到趙王，趙王就很賞識他，賜給了他黃金百鎰、白璧一對；後來，他再次拜見趙王，趙王封他為上卿，因此他被人稱作了虞卿。

　　當秦趙兩國在長平展開戰爭的時候，形勢非常不利於趙國。趙王十分著急，於是就將樓昌和虞卿召來商量對策，他說：「現在戰爭對我們不利，我想要上前線和秦軍決戰，你們覺得如何？」樓昌說：「這樣做不妥，不如派人去求和。」虞卿說：「樓昌認為如果我們不求和，肯定失敗，因此主張求和。但是，現在擁有主動權的是秦國，大王您想，秦國攻打我們是想要勝利還是不勝呢？」趙王回答說：「秦國現在基本拿出了全部力量，肯定是必勝無疑啊！」虞卿說：「大王，如果想要和談，我們應該這樣做：讓使臣帶著貴重的珍寶到楚魏去，楚魏看到如此貴重的珍寶肯定會接待我們的使臣。秦國看到了，肯定會以為天下的諸侯要聯合起來抗秦，自然會有所畏懼。這樣的情況下，和談對我們才有利啊！」雖然虞卿的意見很中肯，可是，趙王依舊沒有採納，而是讓平陽君趙豹去求和，並且派了鄭朱到秦國聯絡，秦國也接待了他。此時趙王又問虞卿如何，虞卿則認為和談不

成。結果，秦國果然沒有答應和談。趙軍被秦軍打敗，邯鄲被圍困，遭到了天下人恥笑。

秦國最後因為兵力匱乏，撤離了邯鄲，解除了對其的包圍，但是此時趙王卻想要到秦國去訪問，還事先派趙郝到秦國以去割六個縣的條件訂立盟約。虞卿知道後，就對趙王說：「大王，秦國如今撤兵了，他為何走了呢？他們是憐惜大王不忍心進攻嗎？還是因為軍隊感到疲乏了呢？」趙王回答說：「秦國在攻打中國時拿出了全部的力量，如今不攻而走，必定是因為過於疲乏，否則不會輕易撤離。」虞卿說：「秦國想要獲得他想要的土地，結果因為軍隊疲乏而不得不撤離。如今他走了，您卻將他不能得到的土地拱手相讓，這樣的做法是不是幫助秦國攻打自己國家呢？如果秦國明年還要進攻趙國，那麼，大王該如何自救呢？」

趙王將虞卿說的告訴了趙郝，趙郝說：「虞卿瞭解秦國的真正兵力嗎？他知道秦國今年就不會進攻中國了？如果現在不將這塊小地方給秦國，那麼，如果明年秦國再次攻打我們，難道我們要割讓更大的土地給它嗎？」趙王聽了後，思考片刻說：「如果我聽了你的話將六縣割讓給了秦國，你就能肯定秦國明年將不會再來進攻中國嗎？」趙郝回答說：「從前的時候，韓、趙、魏三國和秦國友好交往，如今秦國對韓、魏依舊十分親善，但是卻唯獨攻打您，這樣看來，肯定是大王對秦國的侍奉不如韓、魏兩國盡心的原因。如果現在我們和秦國進一步友好交往，將關卡開放，貿易再次來往，我們侍奉秦國和韓、魏兩國一樣盡心，如果我們這樣做了到明年秦國還是唯獨攻打大王，這肯定是我們還是不如韓、魏兩國。無論如何，這些都不是我所能決定和承擔的事情啊。」

趙王再次召來虞卿，將趙郝所說告訴了他。虞卿聽後，說：「即使秦國再強大，十分擅長打仗，但想要獲得六個縣也不是輕而易舉的；我們趙國再弱小，兵力再不濟，但對於六座城的防守也是有一定實力的。秦國如今因為兵力疲乏而撤走了，他的軍隊肯定是疲憊不堪。如果我用那六座城來收買天下諸侯，然後趁機去攻打疲憊不堪的秦軍，那麼，我雖然失去了六座城，但是在秦國會挽回損失的。這樣的做法，中國不僅沒有損失，還能有所收穫，與其白白將六縣給了秦國，還不如這樣做，您認為呢？」

趙王聽了他兩人的建議，一時拿不定主意，猶豫不決，不知道該聽誰的。此時，樓緩從秦國回到了趙國，於是趙王就接見了樓緩，想要聽聽他的意見，他問說：「你認為該不該給秦國土地呢？」樓緩並沒有直接回答，而是謙虛地回答說：「大王，這件事情我並不知道啊！」趙王說：「沒關係，你就對我說說你心中的想法就可以了！」樓緩回答說：「我才剛從秦國回到趙國，如果說不給他，必定不是最好的辦法；但是如果給，那麼，我擔心大王會以為我偏袒秦國，因此我不能輕易回答啊。我是真的為大王著想，我認為還是給比較妥當。虞卿的建議也很好，但是他不知道其它事。秦趙兩國打仗，天下的諸侯看到後都非常高興，為何呢？現在趙國的軍隊還在秦軍的圍困之下，秦國現在肯定聚集著很多前來祝賀的諸侯各國的人。假如我們不盡快將土地割讓給秦國，天下的人就會懷疑秦、趙已經結為友好。各國諸侯可能會趁此機會將趙國瓜分掉。趙國眼看就要不保了，圖謀秦有何用呢？大王認真考慮一下，還是給它吧！」

虞卿聽到了這件事情後，立刻對趙王說：「依臣看，樓緩是在偏

祖秦國，為其說話。這樣的做法只會讓天下諸侯對我們的懷疑加深！這樣的做法無疑就是讓趙國在天下人面前示弱，讓天下人認為趙國可以人人欺負！他為何不考慮這一點呢？我向大王建議的不給，不是對秦國頑強抵抗，而是讓大王將六個縣給齊國。齊國和秦國向來是仇敵，如果他得到大王的六個城邑，必定會和我們聯合抗秦。雖然大王同樣丟失了六個城邑，可是卻可以在抗秦中得到補償，齊國和趙國都可以報仇雪恨了。並且這樣做，天下的諸侯也會認為趙王是個有作為的君王。如果秦王得到了齊趙結盟的消息，我們的軍隊還沒有出發，秦國就會派人帶著貴重的禮物來向您求和了。如果秦王和我們講和了，韓魏兩國知道後，也一定會十分敬重大王，給大王送來很多珍貴的禮物。大王的這個做法，就可以同時結交到韓、魏、齊三個國家，而且同秦國的關係也改變了！」

趙王此時終於決定聽從虞卿的建議，派他到齊國。虞卿從齊國回來，還沒有到達趙國，秦國就已經派出使臣到趙國了。樓緩知道了後，趕緊逃走了。趙王為了獎賞虞卿，封給了他一座城邑。

魏公子列傳

賢能的信陵君

武王立周之後，封他的異母弟弟姬高於畢地（今陝西咸陽西北），於是就以畢為姓，人稱畢高，他的後代中有個叫畢萬的為晉獻公作事。西元前六六一年（晉獻公十六年），畢萬為車右護衛跟隨晉獻公前去征討霍、耿、魏，將其都滅掉了。於是，晉獻公就將魏封給了畢萬，後來，畢萬的子孫就改為了魏氏。到了西元前四二四年（魏文侯元年），畢萬的後代魏斯為文侯，文侯二十二年（前403年），魏國和趙國、韓國被周王室承認為諸侯。

西元前二七六年，魏昭王去世，魏圉即位，即魏安釐王。為牽制孟嘗君田文，魏安釐王封自己的異母弟弟魏公子無忌為信陵君（今河南寧陵）。信陵君是一個寬厚慈愛之人，十分尊敬士人，善於禮賢下士，無論有無才能，他都一律平等對待，謙恭有禮，從來不會怠慢任何人，也從來不輕視任何人。因此方圓數千里的士人都紛紛前來依附於他，他的府上食客多達三千人。

當時，侯嬴是著名的隱士，僅為大梁夷門的一個守門人。信陵君為了結交他，親自前往，降低自己魏國公子的身份。這樣地禮賢下士，可以看出他對士人的尊敬之意。

當時，侯贏已經七十歲了，家裡很窮困，便在大樑城東大門看門為生。信陵君聽說他後，就派人前去拜見他，想要送給他一份貴重禮物。可是，侯贏卻拒絕了，並說：「我活了幾十年，一直都是修身養性，堅持自己的操行，我不會因為貧困就接受信陵君的貴重禮物。」

後來，信陵君在大擺酒席、宴飲賓客的時候，當大家都來到坐好了之後，信陵君就親自帶著車馬和隨從到東城門迎接侯贏，而且空出了一個尊貴的位置給他。侯贏看見信陵君來了，就稍微將破舊的衣帽整理了一下，就毫不客氣地上車坐在那個位子上。他是故意這個樣子的，想要看一下信陵君有什麼反應。但是，信陵君沒有絲毫的不悅，反而雙手緊緊握著馬韁繩，表現得更加恭敬了。此時候贏又說：「我想要到街市的屠宰場看一個朋友，不知公子可否能夠載我前去呢！」信陵君聽到後，立刻將車駛入了街市，侯贏則下車去會見他的朋友朱亥。在和朱亥交談的時候，他偷偷觀察信陵君的反應，而且刻意在那裡拖延時間，可是，信陵君不但沒有不耐煩，反而更加和悅了。

此時，在信陵君的府上，一群人正在等著他開始宴席，這裡有魏國的將軍、宰相、宗室大臣以及貴賓等。但是，信陵君卻在街市上手握著韁繩替侯贏駕車。信陵君的隨從對此十分不服氣，在心裡暗自咒侯贏的不恭敬。

侯贏看到信陵君始終沒有出現不悅的表現，才告別朋友上了車。到了府上之後，信陵君帶著侯贏就坐在了上位，而且對全體賓客大大讚揚了侯贏，滿堂賓客對此十分驚訝。在宴席中，信陵君走到侯贏面前舉杯祝福他，侯贏此時十分恭敬地對他說：「我不過是城東門的一

個看門人而已，但是信陵君卻可以屈尊為了駕車，在眾目睽睽之下前來迎接我，其實我不應該去拜訪朋友，但是，您竟然願意陪著我前去拜訪。我故意讓信陵君在街市停留，並且偷偷觀察了您，但是您卻更加謙恭了。這樣一來，信陵君的名聲就更大了，街市上的人都認為我是個小人，信陵君則是禮賢下士的賢明之人啊！」

宴會結束後，侯嬴對信陵君說他去拜訪的屠夫朱亥是個很賢能的人，是屠夫中的隱士。因此，信陵君多次前去拜見朱亥，朱亥則從來沒有答謝他，信陵君雖然覺得他很奇怪，但是他對侯嬴和朱亥還是十分尊敬。後來信陵君在救趙的時候，採用了侯嬴的計謀以及得到了朱亥的相助，才能得以成功！

後來，信陵君竊符救趙成功以後，趙孝成王感激信陵君保住了趙國，就與平原君商量，準備封賞給信陵君五座城邑。信陵君知道後，感覺非常自豪，就顯露出了驕傲自大的情緒，有些居功自滿。其中有個門客中就勸說信陵君道：「人們對於發生的事情，有些是不能忘記的，但是有些是不能不忘記的。他人對信陵君有恩，那麼信陵君千萬不能忘掉；如果信陵君對他人有恩，那麼，還是請信陵君將它忘記吧。」信陵君聽到門客的話，深深責備了自己，同時也拒絕了趙王賞封的五座城池。

信陵君在趙國期間，他聽說趙國有兩個有才德的人，一個是藏在賭徒中間的毛公，另一個是藏在酒店做夥計的薛公。信陵君十分想見這兩個人，但是他們都躲著他不肯見。於是，信陵君就偷偷打探到了他們的藏身之處，隱藏身份暗地裡和他們結交了，他們都十分欣賞信陵君，想要和他結交。

平原君知道這件事情後，對他夫人說：「以前，我聽說夫人的弟弟是個天下少有的大賢人，但是他現在怎麼也如此胡作非為呢？竟然和賭徒、酒店的夥計混到了一起，我看呀，信陵君也不過是一個徒有虛名的人而已。」信陵君的姐姐就將平原君的話告訴了弟弟，信陵君聽完之後，就準備告辭離開趙國返回魏國。信陵君說：「我從前聽到人們都說平原君趙勝是一個十分賢德的人，因此我才會背叛哥哥前來救趙國的，全是為了平原君的賢德。但是如今平原君和人交往的時候，他看的是人家的富貴啊，他並不是真的想要獲得賢士。以前我在魏國都城都大樑的時候，就經常聽到有人說這兩人的賢能才德，如今到了趙國我就迫不及待想要見他們，他們還不願意和我交往呢！平原君竟然將和他們交往當做是恥辱，如此看來，平原君也不是我值得交往的人。」於是，他就準備離開。夫人將信陵君的話告訴了平原君，平原君感到十分慚愧，就親自向信陵君道歉，把信陵君留了下來。

　　信陵君不愧是一個賢德之人，他府上賓客眾多，各國諸侯也對他十分敬佩，魏國連續十幾年都沒有遭到其它國家的侵犯！

竊符救趙

西元前二五七年（魏安釐王二十年），秦軍在長平之戰大敗趙國軍隊後，接著進兵圍攻邯鄲。信陵君的姐姐是趙惠文王弟弟平原君的夫人，平原君趙勝和夫人多次給魏安釐王和信陵君送信來向魏國請求救兵。魏安釐王派將軍晉鄙帶領十萬之眾的部隊去救趙國。秦昭王知道後就派人警告魏安釐王說：「攻下趙國對我來說是肯定的，如果誰要去救趙國，在攻下趙國後，我就先攻打誰。」魏安釐王自然十分害怕，就沒有再讓軍隊前進，而是在鄴城紮營駐守。魏國說是去救趙國，但是實際上卻採取的觀望態度，並沒有太多的實際行動。

平原君卻等不及了，不斷派使臣前來魏國，並且責怪魏信陵君說：「當初和魏國結親，就是因為看到信陵君具有高尚的道義，可以幫助他人，所以以此依託魏國的。但是，現在邯鄲已經陷入危機，恐怕就要被秦國佔領，但是魏國卻遲遲不願意出兵相救。信陵君如此這般，怎麼可以說是能幫助別人擺脫危難呢？即使信陵君不重視我趙勝，那麼，你就不顧念你的姐姐？」信陵君為這件事憂慮萬分，屢次請求魏安釐王趕快出兵，賓客辯士們也是不斷勸說魏安釐王。但是魏安釐王還是畏懼秦國，不願意出兵。信陵君看到魏安釐王是不會同意了，於是就自己將賓客召集起來，聚集了一百多輛戰車，決定前去趙國救援，和趙國人同生死。

信陵君出發前去見了侯嬴，將自己的打算告訴了他。他向侯嬴說過之後，就打算告辭上路了。走之前侯嬴對他說：「公子你去救趙國吧，老臣我是不能和你一起去了。」信陵君轉頭就走了，可是還沒走多遠，越想心裡越不舒服，他自認為待侯嬴是非常周到的人，如今他就要去面對生死了，侯嬴為何都沒有一言半語對自己說呢？想到這裡，他就返回想要問一下侯嬴，弄明白是怎麼回事。侯嬴看見信陵君回來了，就笑著對他說：「我正在等你，我知道您肯定會返回的。信陵君是一個好客聞名天下的人，對我向來是禮遇的，如今您去和秦軍對抗，我去不送行，您必定會生氣而返回的。」

信陵君對侯嬴施禮後，問他有何對策，侯嬴單獨和信陵君交談說：「能調動晉鄙的兵符在魏王那裡。魏王的妻妾中如姬最受寵愛，我聽說當年如姬的父親被人殺死了，如姬想要報仇，但是三年也沒有完成這個心願。後來如姬就對您說了這件事，您就派門客將那個人殺死，把那個人的頭獻給了如姬。她想要報答您但是沒有機會，現在如果您讓她幫忙，她必定會答應的。如姬想要竊得虎符是輕而易舉的，如果您有了虎符就可以將晉鄙的軍權拿到手中，可以調動軍隊，那麼，救趙就不在話下了！」信陵君聽了侯嬴的計謀，如願拿到了兵符。

信陵君拿兵符後就打算出發，侯嬴又囑咐他說：「俗話說『將在外，君命有所不受。』到了晉鄙那裡，如果他不願意將兵權交給您，要請示魏王，那麼您就十分危險了。我請求讓我的朋友屠夫朱亥跟隨您一同前去吧！如果晉鄙不聽您的話，就讓朱亥殺死他。」信陵君擔憂地說：「晉鄙是一員猛將，而且經驗豐富，他必定不會聽從我的命

令，看來必須先殺他。但是朱亥可以嗎？」於是，侯嬴就將朱亥帶來面見信陵君，朱亥對他說：「我不過是市場上的屠夫而已，但是公子卻多次到我家來問候我，我以前沒有答謝您，是因為沒有到危難時刻。如今公子有難，我定當全力以赴。」於是，信陵君就帶著他一起出發了。

信陵君到了鄴城後，就將兵符拿出來，假傳魏安釐王的命令要晉鄙讓出兵權。晉鄙看到兵符無誤，可是心中還是不相信這件事情，就對信陵君說道：「我奉魏王的命令帶著十萬大軍駐紮在這裡，軍隊關乎國家命運，如今你一個人前來取代我，其中是何原因呢？」看到他起了疑心，朱亥就將藏在衣袖裡的鐵椎拿出來，將晉鄙砸死了！信陵君順利統帥了軍隊。

信陵君掌握了軍隊後，立刻進行了整頓，父子同在的，兒子回家去；兄弟同在軍隊的，弟弟回家去；如果是獨生子則也回家去。經過整頓，他得到了五萬人的精兵，然後就開始進攻秦軍，解救趙國。最後，信陵君獲得勝利，成功解圍了邯鄲。

勝利後，趙孝成王和平原君一同到郊界迎接信陵君，趙王對他感激不盡，稱讚他說：「自古以來沒有一個賢人可以比得上信陵君。」平原君也自愧不如。

信陵君知道自己的做法肯定讓魏安釐王十分憤怒，於是，他就讓部將帶著軍隊返回了魏國，自己則和門客留在了趙國。後來，趙孝成王將鄗邑封給了信陵君，魏安釐王也將信陵邑給了信陵君，但是信陵君還是沒有回魏國，依舊留在了趙國。

終不得信任

魏安釐王剛剛即位的時候，為牽制孟嘗君田文，封自己的異母弟弟魏公子無忌為信陵君。有一天，魏安釐王跟信陵君正在下棋，北邊邊境發來警報說：「趙國發兵進犯，馬上就將進入邊境。」魏安釐王立刻將棋子放下，想要召集大臣們商量對策。信陵君勸阻魏安釐王說：「這是趙王打獵罷了，並不是進犯邊境，王兄不要驚慌，我們還是繼續下棋吧。」看到弟弟不慌不忙的樣子，魏安釐王只好故作鎮定地一面下棋，一面讓人再去打探消息。信陵君跟魏安釐王下棋就如同沒發生什麼事一樣，可是魏安釐王驚恐，心思全沒放在下棋上。過了一會兒，探子從北邊傳來消息說：「趙王只是打獵，不是進犯邊境。」魏安釐王聽後大感驚詫，問道：「弟弟是如何知道的？」信陵君回答說：「在我的食客中有一個人，他可以深入底裡打探趙王的行蹤，如果趙王有行動，他就會馬上報告我，因此我知道這件事情。」從此以後，魏安釐王畏懼信陵君賢能，不敢任用信陵君處理國家大事。

後來信陵君因為假傳魏安釐王的命令擊殺晉鄙，奪了兵符。救趙成功以後，信陵君也知道魏安釐王一定會惱怒他，自己回國也不會有什麼好結果，就留在了趙國。誰知，這一住就長達十年之久。

秦國聽說信陵君在趙國居住，就開始不斷發兵攻打魏國。魏安釐

王看到後，十分焦慮擔憂，就派出使臣前請信陵君回國。但是信陵君還是怕魏安釐王生自己的氣，就對門客說：「如果有人敢替魏王的使臣通報，那麼就立刻處死。」賓客們大多也是跟著信陵君背叛了魏國到趙的，因此，也沒有人勸信陵君回魏國。這時，只有信陵君在趙國結識的毛公和薛公兩人去見信陵君說：「公子，您為何能夠受到趙國的尊重，在諸侯之間有如此的名聲？還不是因為有魏國在。你看，魏國現在正在遭受秦國的進攻，處於危難之中，公子卻絲毫不掛念。如果秦國攻破大樑，將您先祖的宗廟毀滅，公子您還有什麼理由留在這世上呢？」信陵君聽到他們的話，立刻趕回去救魏國了。

西元前二四七年（魏安釐王三十年），魏安釐王見到信陵君，兄弟兩人相對不禁淚流滿面，魏安釐王將上將軍的大印交給信陵君，讓他做軍隊的最高統帥。信陵君將自己擔任上將軍的消息發給了各諸侯國，諸侯們得到消息後，就紛紛派兵前來魏國救援。信陵君自己帶領著五個諸侯國聯合軍隊將秦軍打敗了。後來，他將秦軍緊緊壓制在函谷關中，他們再也不敢出來了。

信陵君進攻管城（今河南鄭州市），沒有打下來。一打聽秦國派來鎮守管城的是安陵（今河南鄢陵縣西北）人縮高的兒子。就派人對安陵君說：「請你把縮高派來，讓他去招撫他的兒子投降。」安陵君聽了使者的話，說：「安陵是個小地方，縮高不一定會聽從我的話，還是您自己去請他吧。」就派官吏引導使者到了縮高的住所。縮高知道後，不同意說：「我去攻打管城，不就是去打兒子嗎？如果兒子看到我投降了，那是對主人的背叛；如果見到我不投降，那是不顧父子親情，這個仗我不能去打。」

信陵君大怒，派使者對安陵君說：「管城攻不下來，安陵一樣會受到秦的進攻。縮高願意來最好，不來你綁也得給我綁來，否則，我將領兵十萬到安陵城下，你看著辦吧。」縮高聽到後心想：安陵君的先君成侯是接受魏襄王的命令守安陵的，像這種父殺子、臣弒君的事他是不會做的，要不上次他就把我送去了。信陵君真要領兵十萬到安陵城下，那對安陵的老百姓是一場災難，不如我死吧。於是他就自刎而死了。信陵君聽說縮高自殺了，十分後悔，就穿上了白色衣服表示對他的哀悼。同時，他派出使者向安陵君謝罪說：「無忌是一個道德低下的小人，做事沒有考慮周全，還懇請您可以原諒！」

　　秦王擔心信陵君會再次威脅到秦國，於是，他拿出了萬斤黃金派人到魏國收買人。他找到原來那些不喜歡信陵君的門客，讓他們在魏安釐王前詆毀信陵君說：「信陵君在外流亡了長達十年之久，如今他是魏國的大將，但是諸侯國卻聽他的指揮。諸侯們都知道魏國有信陵君，但是卻不知道魏安釐王您的名聲。信陵君知道自己的勢力很大，也想要趁機稱王呢！諸侯們對他也是十分畏懼，想要擁立他為王。」

　　魏安釐王這些話聽得多了，心中也起了疑心，後來他還是將信陵君的上將軍罷免了。信陵君知道自己是被他人譭謗的，心中十分不爽，於是，他就假稱有疾而不上朝，在家中通宵達旦地飲酒，和女人享樂。就這樣過了四年，信陵君終因飲酒過度而身患重病去世了。同年，魏安釐王也去世了。

　　信陵君死後，秦王立刻派蒙驁進攻魏國，接連攻佔了魏國的二十座城池，並且設立了東郡。此後，秦國一點點將魏國的土地侵佔了，直到十八年後，俘虜了魏王假，毀掉了大樑城。

春申君列傳

黃歇封相

　　西元前三○二年（秦昭襄王五年），當時還是太子的熊橫在秦國作人質。熊橫在一次私鬥中殺了人逃回楚國，使得秦國和楚國的關係開始惡化。三年後，秦國伐楚，楚懷王到秦國求和，卻反被秦昭王強行扣留，最後死在秦國。

　　西元前二九八年（秦昭襄王九年），看到父親懷王返回無望，熊橫即位，就是楚頃襄王。秦昭王根本就看不起他，準備滅掉楚國。秦將白起攻打楚國，先後奪下了巫郡、黔中郡，打下楚都鄢郢（今湖北江陵），向東直打到竟陵（今湖北潛江），楚頃襄王被迫把都城向東遷往陳縣（今河南淮陽）。

　　西元前二七二年，楚頃襄王想要趕緊同秦國求和，於是，他派遣出了辯才出眾的黃歇出使秦國。黃歇曾經到處拜師遊學，見多識廣，而且善於辯才，楚頃襄王很賞識他。

　　黃歇上書一封對秦昭王勸說道：「大王您現在要征討楚國，這樣的做法就好比是兩隻兇猛的老虎互相搏鬥。兩虎相鬥，那麼就會讓獵狗趁機得到好處。與其這樣，不如和楚國交好。請大王不要生氣，我有自己的理由：我聽說物極必反，凡事到了一定程度就會向反面發

展，冬夏變化即是如此；物體如果累積到一定高度就會有危險，好比堆棋子一樣。如今，秦國佔據天下西、北兩方，這樣的面積即使天子也沒有過。但是，秦國從文王、莊王到大王，三代的君王都致力於將秦國土地同齊國的連接起來，這樣可以切斷其它各國結盟。大王你若想要保持現在的功績，維持自己的權威，那麼，就不要再有討伐他國的想法了，要施行仁義之道才可以，否則您會有禍患。如此，您的功績就可以和三王並稱，您的權威也可以和五霸並舉。如果大王依仗著自己國家強大，想要滅掉魏國的權威，用武力來讓天下的諸侯屈服於您，我認為您肯定會有後禍的。

秦國已經接連殺死了韓魏國君的父子兄弟將近十代人了。現在，韓魏的國土殘缺不全，國家一片破敗，宗廟也被焚毀。軍隊從將領到士卒，大都身首異處，橫屍遍野。父子老弱也成為了他人的俘虜。百姓的生活無法繼續，很多人流亡其它國家成為奴隸。假如韓、魏不滅亡，也是秦國最大的隱患，如今大王卻同他們一起攻打楚國，是不是不合適呢？再說大王到楚國，如何行軍呢？向韓、魏借路嗎？如果這樣出兵了，大王的軍隊返回的機會有多大呢？如果大王不向韓、魏借路，就一定要先將隨水右邊的地區攻下。但是，你看隨水右邊的地區，皆是高山深水基本都是無人區，您佔有了和沒佔有有什麼區別？最後，大王沒有得到好處卻落下一個滅楚的惡名！

所有人都想要有好的開頭，但是很少人能有好的結局。如今，大王十分恨楚國，但是卻忘記如果楚國滅亡了，韓、魏兩國就會強大起來，這對秦國來說是很不利的。秦楚一旦交戰，戰禍就會不斷，韓、趙、魏、齊必將聯合起來對付秦國。韓、魏兩國壯大了起來，也會讓

齊國更加強大，齊魏即使不能稱帝，當您稱帝時卻是可以阻止您的。這樣，大王您還不如同楚國友善結交。如果秦楚結交，韓肯定不敢輕舉妄動。大王再利用黃河環繞的有利條件，韓國就必定成為秦國的臣屬。然後，大王將十萬兵力駐守在鄭地，魏國肯定也會畏懼，自然就成為了秦國的臣屬。齊國右邊濟州一帶的廣大地區就成為您的了。大王的土地就可以縱橫東、西兩海，將天下諸侯控制住，燕國、趙國沒有了齊國、楚國的依託，齊國、楚國沒有了燕國、趙國的依靠。接著，您可以威脅燕、趙兩國，齊、楚兩國也會非常害怕，如此四個國家你不必攻打就可以將其制服了。」

秦昭王認真讀了黃歇的上書，也非常贊同他其中的觀點，就立刻停止了對楚的進攻。秦楚互相結盟，楚頃王則派遣黃歇和太子完到秦國作為人質。

幾年後，楚頃王病了，秦國卻不讓太子熊完回去。黃歇對秦國相應侯說：「現在，楚王可能病情很嚴重了，假如不讓太子回去繼承王位，那他在咸陽城裡不過就是一個普通人罷了；如果楚國改立他人為太子，那麼或許會和秦國的關係破裂。這並不是一個好現象，希望您可以認真考慮一下。」

應侯將黃歇的話說給了秦王聽，秦王考慮了一下，吩咐說：「那就讓楚國太子的師父先回國，看一下楚王的病情到底如何，等他回來我們再做打算吧。」黃歇這時候對楚國太子說：「秦國之所以扣留你，就是想要得到好處，但是您現在沒有能力給予他好處。如果大王去世時您不在楚國，那麼或許陽文君的兒子會被立為繼承人，您就失

去了繼承的權力。太子現在應該逃離回國，我留下來，如果有事情了我會負責。」於是，楚太子聽從了黃歇的建議，逃回了楚國。

黃歇自己在秦國留守，對外說太子有病不見客。等到太子走遠，秦國即使追也來不及了，黃歇就主動對秦昭王說：「我已經幫楚國太子回國了，我這是死罪，請您殺了我吧。」秦昭王自然十分生氣，當即要殺黃歇。應侯忙阻攔說：「如果楚國太子成為了楚王，黃歇必定會被重用，不如放他一條生路讓他回國，也可以以此來表示秦國對楚國的親善。」秦王答應了，將黃歇送回了國。

西元前二六二年，黃歇回到楚國僅三個月楚頃襄王就去世了，太子熊完繼承楚王位，即楚考烈王，黃歇被任為宰相，封春申君，賞賜淮北地區十二個縣。

當斷不斷，反受其亂

春申君是楚國的宰相，他當任的第四年，秦國打敗了趙國的將軍趙括，並且將趙國在長平的四十多萬人駐軍坑殺了。次年，秦國將趙國都城邯鄲包圍了。邯鄲告急，於是向楚國發出了求援，幫助自己解圍。楚國得到消息後，就派遣春申君帶兵到邯鄲去救援，秦軍撤退後，春申君回楚國。春申君擔任宰相的第八年，他率兵向北征戰，將魯國滅掉了，荀卿被任命擔任蘭陵縣令。楚國開始強大起來了。

此時，楚有春申君，齊有孟嘗君，趙有平原君，魏有信陵君，大家為了爭奪士人的幫助，都紛紛相互競相，廣招天下的賢士來輔助君王。

春申君擔任宰相的第二十二年，秦國對其它國家的攻戰征伐越來越多，各國的諸侯都十分恐慌，於是，大家就想要聯合起來一起去征討秦國。諸侯推舉出楚國的國君做六國盟約的首長，春申君則為當權的主事。當六國的聯軍抵達函谷關後，秦軍就派兵出關迎戰了，強悍的秦軍將六國聯軍打得落花流水，六國慘敗而歸。此次戰爭的失敗，楚考烈王認為是春申君的過錯，因此春申君被國君漸漸疏遠了。

春申君的門客中有一個叫朱英的觀津人，對春申君說：「大家都

以為楚國原來是個非常強大國家，是您的治理使得它變弱了，但我不這樣認為。先帝在位時同秦國友好二十年。秦國一直沒有攻打楚國，是因為秦國需要越過黽隘是非常不便利的；如果從西周、東周攻打的話，背對韓魏兩國同樣也不行。但是，如今的形勢改變了，魏國朝不保夕，將許和鄢陵兩城給了秦國。秦國現在距離楚國都城僅一百六十里路，依我看，秦楚兩國交兵是必然了。」春申君認為他說的很有道理，於是，他規勸楚王將都城遷到壽春。楚考烈王聽了後，思考了片刻認為非常有理，就將城從陳遷往了壽春。而春申君又得到了信任，在封地吳依舊是宰相的職務。秦國則將附屬的衛元君自濮陽遷往野王，將那設置為東郡。

楚考烈王沒有兒子，春申君十分擔憂，就尋找了很多婦女獻給楚王，但是，卻始終沒有如願生兒子。趙國李園想要將他的妹妹獻給楚王，但是，聽說楚王沒有生兒子，害怕妹妹進宮後長時間得不到寵幸。於是，他就找了一個機會成為了春申君的侍從，沒過多久，他又找了藉口回家，可是又沒有按時返回。回來後，他前去拜見春申君，春申君自然問他為何遲到，他回答說：「齊王派人來想要娶我的妹妹李環，我因為和那個使臣喝酒，耽誤了時間。」

春申君問他：「齊王送訂婚禮物了嗎？」李園回答說：「還沒有。」春申君又問：「可否讓我見一下你的妹妹李環？」李園回答說：「可以。」於是，李園就順水推舟將妹妹李環獻給了春申君。李環是個聰明漂亮的人，而且能歌善舞、善於辭令，春申君十分寵愛她。

後來李園知道了他的妹妹李環懷了身孕，就同他妹妹李環商量了

進一步的打算。李環就找機會勸說春申君說：「楚王對您如此尊重寵信，就是兄弟也不會這樣。現在你做了宰相有二十多年了，但是大王沒有兒子，將來必定會立兄弟為王，那麼您到時候恐怕會失寵！而且，您執掌了這麼多年的政事，在這過程中也難免會對楚王的兄弟們有些不妥的做法，楚王兄弟如果當上了國君，恐怕您會有災禍呀！我現在已經懷孕了，但是沒人知道，如果此時我能進宮服侍楚王，楚王肯定會寵幸我的，如果我能生個兒子，那麼將來您的兒子就是楚王了。到時候，楚國就是您的了，您也不必遭遇殃禍了，您認為怎麼樣呢？」

春申君聽了她的話，認為也很有道理。於是，就設計將李環獻給了楚王。楚王果然很寵幸她，沒過多久她就生了個兒子，名叫熊悍，被立為了太子，李環則被封為王后。李園也因此得到了楚王的器重。李園因為妹妹是王后，非常驕橫，但是，他擔心春申君將這個秘密說出去，因此就想暗中殺死春申君滅口。

春申君擔任宰相的二十五年，楚考烈王患了重病。朱英對春申君說：「世界上有不期而至的福分，也有不期而至的災禍。現在您生活在生死無常的世界上，侍奉著喜怒無常的君主，怎麼可能沒有不期而至的人呢？」

春申君問：「什麼是不期而至的福分？」朱英回答說：「您擔任楚國宰相已經二十多年了，雖然是宰相，但是權力就好比是楚王。現在楚王病重，你可以像從前的伊尹、周公一樣輔佐幼主，當幼主長大後將政權還給他。要不然就自己當國君。這就是不期而至的福分。」

春申君又問道：「那什麼是不期而至的災禍呢？」朱英回答說：「李園他沒有管兵的權力卻豢養著刺客，楚王一去世，他肯定立刻殺您滅口。這就是不期而至的災禍。」

春申君又道：「那什麼是不期而至的人？」朱英回答說：「這個人可以是我啊。您可以事先將我安排做郎中，楚王去世後，李園進入宮中，我會將他殺掉。」

春申君聽了他的話並不贊同，說：「您不要這麼想了。李園根本不是這樣的人，我如此對他，他怎麼會做出這樣的事情呢！」朱英看到自己得不到春申君的信任，恐怕會有災禍，就逃走了。

僅十七天，楚考烈王就去世，李園果然進入宮中，將春申君殺死了。李環的兒子，也即春申君的兒子熊悍被立為楚王，即楚幽王。俗話說：「當斷不斷，反受其亂。」說的就是春申君，如果他聽取朱英的話，也不會落得如此下場！

廉頗藺相如列傳

完璧歸趙

　　趙惠文王當政時期，趙國有幸得到了楚國的珍寶——和氏璧。秦昭王聽到之後，就想要據為己有，於是他就派人給趙王送去一封信，信中說自己願意拿十五座城池來換得趙王的和氏璧。趙王接到信後，就和大將軍廉頗還有眾大臣一起商量，他想要將寶玉給秦國換城池，但是，他又怕秦國不守信用，白白損失寶玉又得不到城池；但是不給吧，他又怕秦國以此為藉口出兵攻打。趙王十分猶豫，不知該如何是好。他想派個人到秦國去回覆，但是又沒有合適的人選。

　　這時，宦官繆賢建議說：「我有一個門客，叫做藺相如，如果讓他出使秦國，一定能完成這個任務。」趙王一聽說有人能去，就高興地問：「您憑什麼知道他可以出使呢？」繆賢回答說：「我原來犯下了罪，本來我先要躲避逃到燕國。但是，我的門客藺相如卻攔住了我，問我說為什麼知道燕王會收留我。我就對他說，曾經大王和燕王在邊境相會，我隨從，燕王在私底下對我說想和我交朋友，因此我想要到他那裡去。藺相如卻說，那個時候趙國強大，燕國弱小，我又得到了大王的寵幸，因此燕王想要和我交朋友。但是，此一時彼一時，我現在是逃到燕國，燕王肯定害怕惹怒趙國，所以一定不會收留我，反而會將我送回趙國。我不知該怎麼辦，就問他。他說讓我袒胸露

臂，趴在斧子上來向大王請罪，或許可以得到您的赦免。於是，我聽從了他的建議，果然大王您赦免了我。我認為藺相如是一個不一般得勇士，有勇有謀，是一個可以讓你差遣的人。」

於是趙王就將藺相如召來，問他說：「現在秦王想要拿十五座城換我的和氏璧，你認為可以給他嗎？」藺相如回答說：「秦國比趙國強大，趙國處於劣勢，是不能輕易違反他的要求的。」趙王說：「如果他將我的和氏璧拿去了卻沒有給我城池，那該如何是好？」藺相如說：「大王，如果秦王想用城換璧，但是趙國卻沒有答應，那麼就是趙國理虧；趙國將璧給了秦國，但是秦國卻沒有遵守諾言給趙國城池，那麼就是秦國理虧。這兩種結果，我們寧可答應秦也不能做理虧的事情，讓他抓住把柄。」趙王又問：「你認為可以派誰去秦國呢？」藺相如回答說：「大王，如果您實在沒有合適的人選，那麼我願意出使秦國。如果秦國給我城，我就把和氏璧給秦國；如果請過不給我城，那麼我肯定將和氏璧完整帶回趙國。」於是，藺相如就帶著和氏璧前去秦國了。

秦王得知趙國的使臣帶著和氏璧來到了秦國，非常高興，就在章臺宮接見藺相如。藺相如將和氏璧呈獻給了秦王。秦王看到後很開心，就將和氏璧傳給妃嬪及左右侍從人員觀看，大家都紛紛稱讚，但是卻沒有人理會藺相如。藺相如認為秦王壓根就沒有給趙國城池的意思，就對秦王說：「大王，這個璧上有一個小瑕疵，我指給您看一下。」於是，秦王就將和氏璧給了藺相如。

藺相如拿到和氏璧，立刻向後退了幾步，站到了柱子旁邊，怒髮

衝冠，大聲對秦王說道：「大王您想要和氏璧，就讓人給趙王送信，趙王召來所有大臣商議此事，大家都說秦國十分貪婪，肯定不會給趙國城池的。本來是不想給您和氏璧的。可是，我卻覺得平民之間尚且不會如此欺騙，更何況是大國之間呢！再說，不過是一塊璧，讓您不高興也太不應該了。於是，趙王齋戒五天後，讓我給你送來了！但是，我到這裡，大王只在一般的宮殿接見我，怠慢就不說了；您拿到璧，只是傳給妃嬪們看，這不是戲弄我嗎？我看大王根本就不想給趙國十五座城，因此，我將和氏璧拿到手中。如果您逼我，我就與和氏璧一起撞在柱子上！」藺相如手中拿著和氏璧，看著柱子，做出要撞柱子的樣子。

秦王看他這個樣子，生怕他將和氏璧撞碎，就趕緊道歉，要他千萬不要撞碎和氏璧，而且立刻命人拿出地圖，要規劃十五座城給趙國。藺相如知道秦王肯定不會輕易給趙國城池，不過是個緩和的手段而已，就說：「和氏璧是天下大家公認的珍貴寶物，趙王對您敬畏，因此才會獻出來。趙王在讓我送璧前，還特意齋戒了五天。如今，大王也應該仿照趙王齋戒五天，在朝堂上安以「九賓」的禮節接待我，我才可以獻出和氏璧。」秦王看到藺相如很執著，就答應了，將他安排在廣成賓館居住。

藺相如知道秦王即使齋戒也不會守約。於是，他讓隨從喬裝打扮從小道帶著和氏璧逃走，將和氏璧安全送回了趙國。

五天過後，秦王果然在朝堂上設了「九賓」禮儀，請藺相如前來。藺相如來到後，就對秦王說：「秦國一向是大國，從秦穆公開始

的二十多個國君，從來沒有一個是信守承諾的。我害怕大王欺騙我就對不起趙國了，所以我已經派人將璧送回去了。秦國比趙國要強大得多，大王您只要派出使臣，趙國就會立刻將璧給您送來。如今，您如此強大，要割十五座城給趙國，我們弱小的趙國是不敢得罪大王你的。欺騙大王是我的罪過，按理要處死，我要求給我湯鑊的刑罰。請大王考慮一下。」

秦王和眾大臣們都十分驚訝，沒有想到藺相如這麼大膽，有的侍從想要將藺相如處斬。但是秦王卻說：「如果殺了藺相如，肯定也得不到和氏璧，反而斷送了秦趙的友誼。算了，好好招待他，然後讓他回去吧。趙王也不會因為區區一塊璧就欺騙我呀！」藺相如受到了秦國的禮遇，結束後，他就回國了。

藺相如回國後，被任命為上大夫。此後，秦國沒有給趙國城池的意思，趙國也就沒有將和氏璧送給秦國。

將相和

　　藺相如在完璧歸趙之後就被趙王任命為了大夫，廉頗是趙國十分出色的將領。

　　趙惠文王十六年，廉頗被任命為趙國的大將，前去攻打齊國，將齊軍打敗，攻佔了陽晉一地，隨之被任命為上卿。廉頗憑藉他的勇猛善戰而在諸侯各國聞名。這一文一武成了趙國的兩大能臣。

　　後來，秦軍派兵攻打趙國，占取了石城。次年，秦軍再次出兵攻打趙國，殺死趙國兩萬餘人。然後，秦王就派來使者，告訴趙王想要與其和好，希望趙王可以在西河外的澠池與其相會。秦國已經取得了勝利，此時來向趙王說要和好，其中肯定會有陰謀。趙王自己如果去和親王相會，可能會被親王作為人質扣留下來，以此來要脅趙國，因此，趙王自然就不想到澠池去。

　　廉頗和藺相如知道趙王的意思後，就一起商議，告訴趙王說：「大王，您如果不去的話，那麼就會讓秦國和其它的諸侯國恥笑大王您膽怯，顯得趙國既軟弱又怯懦，也正好給了秦國進一步攻打趙國的藉口。」趙王無奈，只好動身前去赴會，讓藺相如隨行。

　　廉頗率領軍隊將趙王送到趙國的邊境就辭別了趙王，他說：「大

王，您此次的澠池之行，我估算行程和會見禮節結束回國最多不過三十天。如果到了三十天我還沒有看見您回來，那麼，請允許我將太子立為王，這樣就可以防止秦國拿您來挾我們趙國了。」趙王同意了。

趙王和秦王如約在澠池相見了。他們在喝酒的時候，秦王喝到高興之處對他說道：「我聽人說，趙王十分喜歡音樂，不知趙王可否為我彈彈瑟呢？」於是，趙王就為他彈了瑟。彈完之後，秦國的史官就立刻將此事記錄在案：某年某月某日，秦王同趙王相會喝酒，命令趙王彈瑟。藺相如看到這樣的情景，就走到秦王面前，說道：「趙王聽人說秦王十分擅長演奏秦地的樂曲，請秦王為我們敲一敲盆缶，助助興吧！」秦王聽後，十分憤怒，自然不肯。此時，藺相如拿著一個瓦缶執意走到秦王面前，要求他敲擊。秦王並不理睬他，不肯敲擊。藺相如說道：「如果大王還是不肯敲缶的話，那麼，在五步之內，我就會將自己脖子中的血灑到您身上！」秦王身邊的衛士聽到後，拿起刀就要將藺相如殺死，但是藺相如並不畏懼他們，反而瞪大眼睛狠狠怒視他們，他們全都被藺相如的樣子嚇到了，只好後退。秦王知道藺相如是不會善罷甘休的，於是，十分生氣地敲了一下瓦缶。他敲完後，藺相如立刻讓趙國史官記錄下：「某年某月某日，秦王為趙王擊缶。」席間，秦國的大臣紛紛說：「趙王您應該將趙國的十五座城拿來作為禮物獻給秦王。」藺相如回擊他們說：「那麼，這樣說來，秦王應當將秦國的都城咸陽作為禮物送給趙王。」只要秦國稍有不敬，藺相如就會立刻反擊，因此直到酒宴結束，秦王都沒有占上風。而此時，趙國又在邊境布置了大量的軍事力量，秦軍看到後，也不敢再造次，沒

有再妄加行動。

　　澠池之會結束回到趙國後，藺相如因為立下了不少功勞，趙王就將他任命為上卿，這一來藺相如就比廉頗的官位要高了。為此，廉頗心中很是不服氣，就對其它人說：「我作為趙國的大將軍，為趙國出力打仗，攻下了不少城池，立下很多戰功，但是藺相如僅僅憑藉這幾句話立下了一些功勞，如今他卻居於我的職位之上。藺相如原來不過是一個低賤之人，我怎麼可以甘於在他之下，對我來說就是羞恥！」不僅這樣，他還說：「如果我遇見了藺相如，一定好好侮辱他一番。」藺相如得知了廉頗對自己有意見，就刻意躲避著他，儘量不和他會面，就連上朝的時候，他也常常以有疾而不去，他不想和廉頗因為地位和高下而產生爭執。

　　有一次，藺相如在路上的時候，很遠就看見了廉頗，於是，他趕緊調轉車子避免遇見他。他的門客看見這種的情景，十分不解，就勸解他說：「大人，我們到了您的門下，來侍奉您，就是因為您有著高尚的品德，讓我們敬仰不已。如今您和廉頗是同朝的官員，而且您的官位比廉將軍還要高，按照常理來說是他看見了要迴避的。可是，廉將軍現在到處對你您進行攻擊，說您的壞話，您卻躲避著他，這麼害怕他，您不認為您這樣做是膽小懦弱的表現嗎？如果是一個普通人對此也會感到羞恥的，更不要說您貴為將相了？請准許我們離開這裡，我們沒有才能再侍奉您了！」

　　藺相如聽了門客的話，只是面帶笑容挽留他們，並問他們說：「我問你們，廉將軍和秦王哪個比較厲害呢？」門客們回答說：「當

然是秦王厲害了。」藺相如又說：「秦王如此厲害的人物，我藺相如都不畏懼，敢在秦朝的地盤上呵斥他，和他臣子們對抗。雖然我沒有多大的才能，但是我就偏偏害怕廉將軍嗎？要知道啊，我這樣做是為了國家啊！秦國如此強大，為何對趙國還有所忌諱，不敢輕易侵犯呢？還不是因為趙國有我們兩個人嗎？如果現在我們兩個人出現了矛盾，相互鬥爭話恐怕兩人都不會有好結果，能不能活下來還是一回事呢！我之所以避讓他，哪裡是害怕他呢？」

後來廉頗從門客那裡聽到了這些話，他非常慚愧，於是他自己解開上衣，赤裸著脊背，背著荊條，讓自己的門客帶路來到藺相如家門請罪。藺相如在家裡聽說廉頗將軍負荊請罪來了，急忙迎出了門外，廉頗一見到藺相如，倒地就拜，感慨的說：「我這個粗陋卑賤的人，不知道將軍寬容我到這樣的地步啊，還請大人原諒我先前的過錯。」從此以後，藺相如和廉頗成為同患難共生死的好朋友。

西元前二七八年（趙惠文王二十年），廉頗帶兵攻打齊國，取得了勝利。西元前二七六年（趙惠文王二十二年），廉頗再次帶兵攻打齊國，一連攻佔齊國九城。第二年，廉頗帶兵攻打魏國，攻陷了防陵（今河南安陽南二十里）、安陽城（今河南安陽縣西南四十三里）。由於廉藺將相的交好，才會讓趙國的內部上下團結一心，全都為國家的利益著想，因此，趙國才可以保持著強盛的局面，秦國此後的十年都沒有敢前去攻打趙國。

趙奢鬥勇

趙奢原來是趙國徵收田租的一個官吏。在徵收租稅時，趙國的國相平原君趙勝的家裡不肯繳納，趙奢依照法律徵收租稅，根本就不懼怕這些藐視王法的囂張之人，他十分平和而又嚴肅地說：「繳納租稅是國家的的明文法令規定，如果堅持不繳是觸犯法律的事情，應當受到懲罰的。平原君乃是一個制定法令的人，平原君的家人當然就要積極納稅，以身試法，否則必將受到法律嚴懲。」於是趙奢帶著手下的人來到了平原君的府上。趙奢才走到門口，就有一群家丁將他攔住了。趙奢對他們說了自己前來的目的，可是家丁怎麼也不讓他進門。平原君府上的人因為平原君的權威，誰也不將趙奢放在眼裡，而且還對趙奢說一些狂言。趙奢只是想收回稅款，並不想惹事生非，就多次警告、規勸他們，但是卻沒有任何的效果，於是，趙奢無奈就依法處置他們，將平原君家中的九個當權管事的奴才殺死了。

平原君知道以後十分生氣，對手下的人說一定要將趙奢革職查辦，並且還要將他治成死罪。很多人知道後就規勸趙奢逃走，保住性命最重要。但是趙奢卻一口拒絕了，他認為自己秉公執法，為什麼還要逃跑呢？他不僅沒有逃跑，而且還要就事論事說出了道理來。於是他就前來找平原君，對他說：「您身為相國，在趙國是貴公子，現在

要是縱容您家裡人犯法而不遵奉國家的法令，您想過後果嗎？如果滿朝的文武百官都和您一樣不顧國家的法令，那麼百姓就會對此十分憤怒，國家也會跟著衰敗的。國家如果出現衰敗的景象，那麼其它的諸侯就會趁機出兵侵犯我們，到時候，趙國可能就要被滅了，既然國家都已經不存在了，那麼您還可能會有這些財富嗎？您是地位尊貴的人，如果您可以奉公守法，那麼國家上下就會一派公平的景象；上下實現了公平，那麼國家自然就會強盛；國家強盛了，那麼趙國的政權自然會穩固。您作為趙國的貴族，這樣難道會被天下人看不起嗎？」

平原君聽了趙奢的這些話，對他的才能十分敬佩，知道他是一個頗有才幹之人，於是就推舉他到朝廷之上參與政事。趙王任命他掌管全國的賦稅。自從趙奢開始掌管全國的賦稅以後，國家的賦稅就十分公平合理，沒有再出現徇私舞弊的現象，因此，百姓生活逐漸富裕，國庫也充實起來了。

西元前二八○年（趙惠文王十九年），國家任命趙奢為將軍，他從此開始了他的軍事生涯。他治軍非常嚴格，對部下非常和氣，同時也非常的嚴厲。他帶兵攻下了齊因的麥丘（今山東商河縣西北）一地，趙王因為得了城池十分高興，給了趙奢很多的賞賜，趙奢都把賞賜分給了部屬，所以趙奢和士兵之間有著很深的感情，戰士皆願為之效命。在作戰的過程中，他一向奉公執法、賞罰分明，再加上他非凡的軍事才能，用兵自如，因此很快就將軍隊訓練成為了一支所向無敵的勁旅。

西元前二六九年（趙惠文王三十年），秦昭王以趙國不履行交換

城邑的協議為由，派中更胡陽率秦軍進攻趙國軍事要地閼與（今山西和順）。趙王召見將軍廉頗問道：「閼與被圍，您能前去援助嗎？」廉頗想都沒想就回答說：「閼與距邯鄲太遠了，而且道路崎嶇，又艱險又狹窄，很難援救。」趙王又召見將軍樂乘問這件事，樂乘的回答和廉頗的話一樣。趙王又將將軍趙奢召見問，趙奢回答說：「這場戰爭，道路比較遠，而且地勢險要，路途狹窄，如果打仗，就好比是兩隻老鼠在洞裡鬥爭，誰勇猛誰就會取得勝利。」於是，趙王就派趙奢前去閼與援助。

那時，秦軍已經團團將閼與圍困，並且做出了對趙軍的防備，如果趙軍出兵援助，那麼就會遭到打擊。趙奢知道了秦軍的戰略部署後，就在距離邯鄲城僅三十里的地方安營紮寨，並且下令加固營壘，修築起了很多屏障，做出一副不想進取的態度，他還說：「如果誰要來進諫出兵的話就依軍法處以死刑。」秦軍駐紮在武安西邊的那一支部隊想要引誘趙奢出兵，於是每天都會發出很大擊鼓吶喊的聲音，希望趙軍能夠去武安救援。果然，趙奢軍中一個人就請求前去武安援救，趙奢聽到後就立刻將他斬首了。

趙奢讓軍隊堅守營壘，停留了二十八天一動也不動，既不去救援武安，也不向閼與進發。趙奢讓趙軍繼續增強營壘防禦，造成趙軍怯弱，只求保衛邯鄲的假象。秦國派間諜潛入趙奢軍營探聽虛實，趙奢裝作不知道，下令屬下讓他任意活動，並且放他自由回歸秦營，以麻痹秦軍。秦間諜把趙奢軍隊的情況告給秦將軍胡陽。胡陽大喜，認為閼與馬上就可以攻取了，對趙奢援軍的戒備也放鬆了。胡陽還說：「趙奢距離國都邯鄲三十里地，軍隊就不敢前進了，而且還增修營壘，閼與城很快就會被秦國攻下了，不會再是趙國所有了。」

趙奢待到秦軍間諜回去以後，就令士兵偃旗息鼓，卸下鐵甲，快速向閼與進發。兩天一夜就到達了前線，下令善射的騎兵警戒，讓部隊在離閼與五十里的地方安營。此時，還在武安的秦軍聽到趙奢已經抵達閼與的消息，才恍然大悟知道自己上當了。於是，秦軍趕緊調集兵力向閼與趕去。趙軍雖說此時有了一定的優勢，但是卻遠離後方，孤軍獨自前進，形勢也是非常危險的。這時，趙軍中有一位名叫許歷的軍士請求提出建議，趙奢讓他進來。許歷說：「秦軍根本就沒有想到趙軍能來這裡，現在他們正在前來這裡，將士們的戰鬥力很強，如果將軍不能集中兵力嚴陣以待，那麼失敗的可能性是很大的。」趙奢聽後就說：「你有什麼好方法嗎？」許歷回答說：「為軍事進諫的處以死刑，這是您的命令，我這不是找死嗎？」趙奢說：「要是我們打敗了，都得戰死，要是我們打勝了，等回到邯鄲以後再說吧。」許歷就說出了自己的建議：「先佔據北面山頭，就能得勝，後到的軍隊失去了地利肯定會失敗。」

　　趙奢採納了許歷的主張，立刻派出了一萬的將士快速佔領了北面的山頭，搶佔了北山制高點。果然，秦軍攻不下閼與，又聽到趙國援兵來了，就立即分兵迎戰，和趙軍爭奪北山，但是卻沒有攻上去，都聚集到了山下。於是，秦軍就陷入了十分被動的處境。此時的趙奢擁有著非常有利的優勢，於是，他站在高山之上居高臨下，俯視著秦軍，對其進行攻打。閼與城的守軍也跟著配合他們一起攻打秦軍，很快，秦軍就不敵了，軍隊已經死傷逃散大半。秦軍失敗後，閼與之圍也解除了。

　　趙奢軍勝利回到國都，趙惠文王十分高興，賜給趙奢馬服君的封號，許歷被任命為國尉。

紙上談兵

西元前二六九年（趙惠文王三十年），趙奢在閼與之戰中戰勝了秦軍，被封為馬服君。

趙奢的兒子趙括自幼喜歡兵法，喜歡軍事學說，將軍事學說談論得有模有樣，就連父親趙奢與他談論用兵的計謀問題也常常難不倒他。後來，趙王也知道了趙奢有這麼一個懂兵法的兒子，可是趙奢卻不以為然，也不稱讚他。看到趙奢這個樣子，趙括的母親十分疑惑，就問他為什麼這樣，趙奢回答說：「用兵打仗是生死攸關的大事，你看他行事總是那樣的草率，將事說得如此簡單。他最多也就只是一個參謀軍師，說點意見還可以，但是如果我們國家真的將趙括任命為主將，那麼趙軍打敗仗是肯定的了。」

西元前二六六年（趙惠文王三十三年），惠文王去世，太子趙丹即位，就是趙孝成王。這一年，威名一世的名將趙奢也死了。齊國安平君田單來趙國，趙孝成王拜他為左相。

西元前二六二年（趙孝成王四年），韓國上黨地區（今山西東南部沁水以東地區，包括晉城、陵川、高平等地）的守將馮亭抵禦不了秦軍的攻勢，想要將上黨地區拱手獻給趙國。趙國欣然接受了請求，

並且封馮亭為華陽君，讓他繼續在上黨地區擔任官職。秦昭王看到原本馬上就要歸屬於自己的上黨地區竟然成了趙國的，十分憤怒。

　　兩年後，秦昭王命左庶長王齕再攻上黨。右相藺相如舉薦了廉頗擔任主帥，但是田單卻反對，他認為廉頗是一個騎將，善於在平原作戰，而上黨這樣的山地中，對他作戰並不利。況且廉頗在和秦軍的多次作戰中大多以失敗告終，不如派遣曾經在上黨地區具有作戰經驗的趙括為將，而且他的父親趙奢還曾經在閼與大戰中大敗了秦軍。孝成王將此事詢問藺相如，藺相如則認為趙括是一個只會紙上談兵的人，他依舊堅持讓廉頗出戰，不同意用趙括。最後，廉頗被派遣出兵。廉頗到達上黨的駐軍長平（今山西高平市）時，和秦軍展開了戰爭。秦軍幾次打敗趙軍，廉頗都是堅守不出兵。秦軍就多次進行挑釁，廉頗對此也置之不顧。

　　西元前二五九年（趙孝成王七年），秦軍與趙軍在長平對陣，久攻不下，於是秦軍就派人前去趙國散佈謠言，他們到處說秦軍並不懼怕廉頗，而是懼怕馬服君趙奢的兒子趙括，為什麼要浪費這麼長時間而不攻打下長平城，就是害怕在下次作戰中遇見趙括。趙孝成王也聽到了謠言，他又看到長平之戰持續了一年多的時間也沒有個勝負之分，於是就有了派趙括前去統率趙軍的想法。此時的藺相如已經重病在身，但是他依舊強忍著病痛勸說趙王：「大王不要只依靠著名聲就要任用趙括，您不知道的是，趙括他只會讀他父親留下的兵書，但是並不會靈活應變，在戰場上肯定會一敗塗地的。」趙孝成王還是沒有聽從他的話，最終任命趙括為將。

趙括的母親知道後，就上書給趙孝成王說：「趙括是不能做將軍的。」趙孝成王問為什麼，趙括的母親回答說：「當初他父親做將軍的時候，大王給了很多的賞賜，他父親都分給了手下的士兵和謀士，所以他父親有很多的朋友，與士卒感情極深，戰士都願意為他效命。他父親從接受命令的那天起就專心軍事，不再過問家事。現在趙括做了將軍就趾高氣揚的，士兵們都不敢抬頭看他，大王賞賜的金帛，他都帶回家收藏起來，還訪查便宜合適的田地房產，準備買下來。大王認為他哪裡像他父親？他們父子二人的心地如此不同，而且他的父親也說過趙括不能當將軍的話，希望大王不要派他領兵。」趙孝成王說：「我已經決定了，您就不要再說什麼了。」趙括的母親接著說：「如果您執意要派他領兵，那麼如果他一旦有不稱職的地方，可免去我不受株連之罪嗎？」趙王很爽快地答應了她的請求。

　　趙括到長平後，就將廉頗使用的將領裁撤了很多。趙括接著對趙軍進行了一番整頓，在和秦將王齕交戰的時候，也取得了幾次勝利。秦昭王得到了趙括到長平統帥趙軍的消息，就立刻調遣武安君白起前往長平統帥全軍。白起看到趙括在收復了幾個失地後就表現出了一副驕傲自大的摸樣，於是就提出要和趙括決戰。趙孝成王看到這個情景，也立刻命令趙括要把握這次時機擊敗白起，取得勝利，然後向東攻打魏冉。

　　秦將白起在西邊，趙將趙括在東邊。在白起西面五十里便是很深很寬的沁水，在趙括東面十里是河床很寬但是水卻很淺的丹水。兩軍南面分別為太行、王屋兩山，均被秦軍所佔領；北邊為太行山的幾處關隘，一部分歸秦，另一部分歸趙。戰場是一個矩形，位於上黨地區

的盆地之中。趙括命令駐守在沁水西岸皮牢（今山西翼城東北）的趙軍擊潰沁水沿岸的秦軍，將沁水控制住，然後向東開始夾擊白起的秦軍。同時，他命令駐守在晉陽的趙軍向南，到達臨汾、安邑一線地區，保護皮牢軍，對河西空虛的秦國本土起到震懾的作用。

決戰的序幕拉開了。趙括親自率領眾將士一起猛烈攻擊白起的軍隊，白起軍則不斷向西撤退，眼看馬上就要到達沁水的東岸了。就在這時，趙括發現情況不對，沁水的東岸沿線駐紮著秦軍的營寨。這些營寨是白起命令駐守在沁水東岸光狼（今山西端氏西北）的秦軍在一夜之間紮起來的。白起軍進入背水的陣中，頑固死守。趙國的皮牢守軍此時被秦國的王齕打敗，無法完成趙括下達的指令。晉陽守軍則被在秦將司馬梗的阻撓之下，也沒有辦法南下支持皮牢軍。趙括帶領的軍隊雖然在攻入了秦軍的背水陣，可是只要趙軍進入了秦軍的營寨，就會被沁水中的秦國戰船和岸上的秦軍配合著消滅掉。

此時，秦軍擺出的是背水陣，趙軍即使突破了，對他們來說也沒有多大的用處，突破後，趙軍面對的是又寬又深的沁水，而河面上則是秦軍的戰船。趙括此時想要撤兵退回長平，但是，趙軍只要一開始行動，白起軍就會立刻追上來，趙括此時才徹底明白過來，白起是要將他的軍隊全部殲滅。趙括軍此時的糧草也成了一個問題，趙括萬不得已，命令一支趙軍斷後掩護大軍向東撤離。但是在即將抵達長平的時候，秦昭王從野王派出的援軍將趙括的退路和糧道斬斷了。

趙括此時已經被秦軍團團圍住，糧食也早已斷絕，最後趙括以慘敗結束了戰爭，趙國幾十萬大軍投降秦軍，被白起活埋了，趙國前後共損失四十五萬人。

名將李牧

　　趙武靈王當政時期，下令推行「胡服騎射」的制度，對國家進行了一系列的改革，因此，國家的軍事力量開始強大起來，並且修建了長城抵禦匈奴的騷擾。等到了趙惠文王時期，匈奴各個部落的軍事力量開始恢復，兵器不斷強大起來，又開始了對趙國北部邊境的不斷騷擾。

　　李牧是趙國柏（今邢臺市隆堯縣）人，出生於趙惠文王前期。在趙孝成王當政時期，李牧被任命為鎮守北邊的將士，帥府駐在代雁門郡（現山西省西北部寧武縣以北一帶）。

　　李牧在對抗匈奴的戰爭中就表現出了他非凡的軍事能力。他為了提高軍隊的戰鬥力，就加強和官兵的關係，對士卒予以厚待，並且精練騎馬射箭等戰術。戰士們因為得到了豐厚的待遇，一個個士氣十分高昂，每個人都十分英勇。同時，他還將邊防線的烽火臺進行了完善，並且派出精兵嚴加防守。對於軍情的報備，他還增加了情報偵察人員、完善了情報網，使得軍情的報備不再延遲。匈奴騎兵是十分剽悍的，而且靈活多變、戰鬥力極強，但是匈奴也有一個弱點，那就是軍需基本是依靠搶掠得到的。針對這一弱點，李牧就命令加強邊境的防禦，防止匈奴入侵邊境。只要發現軍情，烽火臺就會發出警報，而

李牧則立刻下令士兵將物資立即收拾放入堅固的城堡，不和匈奴應戰，如此一來，匈奴往往就會徒勞而返，一無所獲。連續幾年，李牧的手下都沒有士兵傷亡，物資也從來沒有損失過。

時間長了，匈奴看到李牧總是不出戰，以為他是一個膽小怯戰的人，也就沒有將他放在眼中。不僅匈奴，就連趙國邊境的將士們也開始紛紛議論，以為李牧是個膽小怯戰之人，甚至還有人對此十分憤怒。而當李牧堅守卻不主動出擊的行動被趙孝成王知道後，趙王就派人前來責備李牧，要求他立刻出擊。李牧雖然受到了責備，可是並不生氣，依然如故不出擊，而是想要放長線釣大魚。只要匈奴來了，就堅守不出兵。匈奴每次都是乘興而來，敗興而歸，始終沒有收穫。

趙王聽說李牧依然如故，認為他是一個膽小無能之輩，竟然滅自家威風，於是，一怒之下將李牧召回了京城，改派另一員大將代替他。新將領到任後，一改李牧的做法，只要匈奴入侵就會出兵作戰，幾次下來都以失敗告終，士兵傷亡慘重，而且邊境也開始不安定，百姓根本沒有辦法耕種和放牧。趙王看到這樣的情景，只能再次派人請回李牧，並且授予了他更大的權力。他可以自己根據需要設置官吏，本地的田賦稅收統歸帥府，用作軍事開支。李牧答應了。

李牧再次來到雁門，這次他決定要設計包殲敵人的辦法，他依舊大加封賞邊庭將士，並且挑選出了優秀的戰車一千三百輛，精壯的戰馬一萬三千匹，驍勇善戰的士兵五萬人，優秀射手十萬人，組成了一支戰鬥力強、十分嚴格的軍隊。

西元前二四四年春天，李牧做好了作戰的準備，他讓百姓出城到

田野去放牧，接著引誘匈奴入侵。果然匈奴上當了，不久就有情報說有小股匈奴已經到了邊境不遠處。李牧隨即派出一支小部隊迎戰，假裝被匈奴打敗了，並且故意丟下幾百頭牛羊讓匈奴俘虜去。匈奴單于王聽到前方勝利的消息，高興極了，以為機會來了，於是就親自率領大軍入侵趙國邊境，想要大肆擄掠一番，殊不知這正中了李牧的計謀。

李牧早已從烽火臺報警和情報員的報告中瞭解到了敵情，已經在匈奴的來路上設下了埋伏，等匈奴的大部隊到來後，李牧為了讓敵軍有所損耗。他先是採取守勢的協同作戰方法，戰車陣從正面迎戰，限制敵軍騎兵的行動，然後步兵居中對其進行阻擊，弓弩兵則輪番向敵人射殺，騎兵以及精銳的步兵則被置於軍陣的後側。當匈奴軍在前方士兵的打擊下受到嚴重挫傷時，李牧就趁機讓精銳部隊從兩側攻打敵軍，此時，敵軍猶如被一隻巨大的鉗子夾住一般，牢牢被制伏！匈奴軍被包圍了，而趙軍將士們經過幾年養精蓄銳，又加上訓練有素，一個個戰鬥機極強，開始對敵人進行瘋狂的反擊。匈奴人向來引以為傲的軍陣一下子就被衝破了，十萬匈奴騎兵一舉被打敗、全軍覆沒，匈奴單于只好帶著區區親隨倉皇逃走了。

李牧此次大敗匈奴後，又乘勝追擊，開始收復匈奴的屬國。襜襤、東胡、林胡等紛紛被打敗。單于無奈只能向更北的地方逃去，從此，趙國北方的憂患就完全消除了。此後十多年，匈奴再也沒有入侵趙國的邊境。李牧則成為了廉頗、趙奢之後趙國的最重要最著名的將領。

西元前二三五年，悼襄王去世，趙王遷即位。李牧時任大將軍，率領部隊南下反擊秦軍的進攻。在激烈的戰鬥後，秦軍被打敗。李牧成功擊退秦軍後，趙王遷十分高興，還說：「李牧就是寡人的白起啊！」並且封李牧為武安君。

西元前二二九年，趙國出現了非常嚴重的饑荒，秦王政抓住這個機會，派出大將王翦率領將士直奔井陘（今河北井陘縣），想要圍攻趙國都城邯鄲。趙王看到敵軍壓境，趕緊任命李牧為大將軍，司馬尚為副將，開始抵抗秦軍的入侵。秦軍在李牧的進攻下，多次失敗，王翦知道只要有李牧在，自己是很難取得勝利的，李牧是一位難得的軍事人才。為了快速取得勝利，王翦就想到了一招反間計，並且得到了秦王的支持。秦王派出奸細進入趙國的都城邯鄲，用重金將曾經誣陷過廉頗的趙王近臣郭開收買了。郭開被收買後，就散佈謠言，說李牧和司馬尚勾結秦軍，想要投敵叛國，趙國即將大難臨頭。昏庸的趙王遷聽到謠言後，竟然連調查都沒有調查就信以為真了。立刻派出宗室的趙蔥和齊人顏聚代替了李牧和司馬尚攻打秦國。李牧一向是我行我素，因此，他接到命令後並沒有離開，而是依舊堅守戰場，並且相信「將在外，君命有所不受」。但是趙王卻沒有放過他，竟然布下圈套將其捕獲並且殘忍斬殺了。司馬尚雖然沒有被殺，也被罷免了。李牧，這個為國為民縱橫沙場多年的一代名將就這樣慘死在了昏庸的君王手中，實在是令人惋惜啊！

李牧死後僅三個月，趙軍就被王翦打敗了，後來，秦軍攻下邯鄲，趙王遷及顏聚都被俘。只有，趙國公子嘉逃到代地（今河北蔚縣東北）。西元前二二二年（秦王趙政二十五年），秦國消滅代國，將公子嘉俘虜，至此趙國完全滅亡。

酷吏列傳

「蒼鷹」郅都

　　郅都，西漢時期河東郡楊縣（今山西省洪洞縣東南）人，是西漢時期著名的酷吏，是他最早使用嚴刑峻法來鎮壓那些為非作歹的豪強們，維護了封建的秩序。酷吏是君主專制政治的產物，同時也是統治者的犧牲品，皇帝使用酷吏主要的目的就是為了維護封建統制的權威；皇帝殺酷吏，目的也一樣，也是為了維護自己的統治。作為酷吏，一般都可以有很好的官運，他們晉升的機會更多，很容易得到皇帝的喜愛。可是相反的，雖然他們可以步步高升，可是在做官的過程中，他們卻往往會得罪很多人，甚至很多皇族的利益也會被他們妨礙。因此，他們通常的下場都是被皇帝殺死，結局比較悲慘。

　　漢文帝在位時，郅都便踏入仕途，擔任郎官的職務，做了文帝侍從。漢景帝繼位後，郅都被晉升為中郎將。因為他性格耿直，敢於直言進諫，當面訓斥有過錯的大臣，很快就得到了漢景帝的信任與重用。

　　有一次，郅都跟隨漢景帝到上林苑去遊玩，隨行的寵妃賈姬去上廁所，突然一頭野豬衝了進去。漢景帝示意郅都，讓他去救賈姬，但郅都手中拿著兵器卻站在景帝的身旁保護皇帝，並不去救賈姬。漢景帝看到郅都不動，就想要自己拿起武器去救人，但是郅都此時卻跪在

漢景帝前面，說道：「您失去一個姬妾，肯定還會有另一位姬妾入宮服侍您。天下像賈姬這樣的女子很多。陛下這樣做是不顧自己的安危啊，您不顧自身安危就是不顧社稷和太后，他們該如何呢？」聽到郅都的話，漢景帝只好放下了武器，不去救賈姬了。不過慶幸的是，野豬很快就跑出了廁沒所，並沒有傷人。寶太后聽到這件事情後，十分高興，她認為郅都是個十分忠心的大臣，能為宗廟社稷著想，敢於直諫，實在是難得，於是就賞賜給了郅都一百兩黃金。從此，漢景帝也對郅都刮目相看，開始重用。

西漢建立初年，由於連年征戰，民不聊生，高祖劉邦宣導老子的「無為而治」，人民的生活得到了一定的改善，也導致豪強地主勢力迅速膨脹，有的居然橫行地方，蔑視官府，不守國法。其中有濟南郡的瞷氏家族，仗著宗族戶多人眾，稱霸地方，屢與官府作難。地方官循於常法，也制不了他們。事情報到漢景帝那裡，於是漢景帝拜郅都為濟南郡太守。

郅都到了那裡後，看到不法豪強們目無國法、肆行無忌，於是他就針對他們的這個特點，採用以暴制暴的方法對付他們。他推行嚴法，成為西漢以嚴厲手段打擊豪強的第一人。郅都到任後立即捕殺了瞷氏家族領頭鬧事的那些人，殺了他們的全家，並對其它作惡的人施以嚴歷的懲罰。其它的瞷氏家族成員一看都嚇得再也不敢與官府對抗。其它的家族看到瞷氏家族這樣的大家族也被制服了，更不敢與官府對抗了。郅都到任一年後，濟南的秩序開始穩定下來，甚至路不拾遺。郅都雷厲風行地打擊濟南豪強，對周邊地區的影響極大，周圍地區的郡守對他是衷心地敬服，見到他就像是見到了自己的上司一樣。

西元前一五〇年（漢景帝七年），郅都晉升為中尉，負責掌管京師的治安，親自統領北軍。他是一個執法不阿、不會趨炎附勢的人，也從來不會對權臣屈服。丞相周亞夫身居要職，因此十分傲慢，但是郅都每次看見他只是僅僅作揖而已，從來不會跪拜他。當時西漢的統治者一心想要盡快恢復國家的經濟，於是採用了「輕繇薄賦」的政策，對百姓的剝削比較輕，人們安居樂業，觸犯法律的事情也非常少。多數的犯法者都是皇親國戚、功臣列侯，但是郅都在執法的時候，從來不會因為是權貴而有所袒護。只要是犯法違禁的人，不管多麼尊貴，都平等對待，給予嚴懲。他執法的時候非常兇猛，列侯宗室對郅都是既怕又恨，見到他的時候看都不敢看他，暗地裡稱他為「蒼鷹」。後來，「蒼鷹」這個名稱漸漸就傳了出來，成為了郅都的代名詞。

郅都為人勇敢，很有魄力，他為官忠於職守，公正廉潔，從不拆閱私人向他求情的信件，也不接受別人的送禮，私人的請託他也從來不接受。他常說：「既然我已經背離父母而來當官，不能盡孝於父母，那麼我就應當在官位上奉公盡職，盡忠於國家，哪怕為保持節操而死，哪裡還能顧念妻子兒女呢？」

西元前一四八年（漢景帝九年），臨江王劉榮因侵佔宗廟土地修建宮室犯罪，漢景帝召劉榮觀見。劉榮為漢景帝的庶長子，曾在西元前一五三年四月被立為太子。在皇位的爭奪戰中，因為一個「金屋藏嬌」的典故，失去了漢景帝姐姐長公主的支持，導致其母栗姬失寵，劉徹（即後來的漢武帝）之母王夫人在漢長公主的幫助下，暗中唆使大臣向漢景帝請求立栗姬為皇后，漢景帝大怒，廢劉榮為臨江王。劉

榮被傳到中尉府受審。郅都責訊甚嚴，劉榮非常害怕，請求郅都給他紙和筆，他要直接寫信向漢景帝謝罪，郅都不允許。這時竇太后的堂侄魏其侯竇嬰派人偷偷給劉榮送去了紙和筆，誰知劉榮向景帝寫了信以後就在中尉府自殺了。竇太后得到長孫劉榮死去的消息後，十分生氣，對郅都十分痛恨，執法嚴苛到皇帝的兒子都不放過，因此想要處置郅都，漢景帝在太后的壓力下只好將他罷官，命其還鄉。

漢景帝時期，匈奴對漢朝的邊境不斷騷擾，漢朝邊境都處於不安定中。漢景帝為此特別傷腦筋，後來，他又啟用郅都，任命他為雁門郡太守，讓他直接到雁門上任，而不用到長安領旨。匈奴人也知道郅都這個人，對他還是十分敬佩的，當他們知道郅都擔任雁門太守時，十分恐懼。當郅都到達雁門郡時，匈奴便全軍撤退，離開了雁門，不再對其進行騷擾。匈奴為了訓練士兵，還用木頭雕刻成郅都的樣子，將其放在箭靶上，讓士兵練習射擊，但是匈奴兵因為心中有所畏懼，竟然沒有人能射中。郅都在雁門郡時期，匈奴人再也沒有騷擾過雁門郡。

但是好景不長，當竇太后知道漢景帝又重用了郅都後，十分憤怒，不論黑白就下令逮捕郅都。漢景帝替郅都向太后辯解，但是竇太后因為孫子劉榮的死懷恨在心，根本不聽漢景帝的辯解，一心要治罪於郅都。最終郅都在竇太后的堅持下被殺死了。郅都死後沒多久，匈奴兵就又重新開始入侵騷擾雁門郡了。

張湯得志

　　張湯，西漢杜陵（今陝西西安東南）人，他的父親是長安縣丞，張湯從小生長這樣的環境中，耳濡目染，因此十分喜歡律法。

　　有一次，張湯的父親要有事要出門一趟，他吩咐張湯看家。父親辦完事回來後，發現家裡的肉被老鼠偷吃了，於是父親十分生氣，就拿起鞭子打了張湯一頓。張湯挨打了，覺得自己十分委屈，就將老鼠洞挖開，找到了偷肉的老鼠，並且發現了它吃剩下的肉，於是，他就煞有介事地立案審訊這只老鼠，要它認罪。他一邊拷打審訊老鼠，一邊假裝著記錄審訊的過程。審訊結束後，他將自己的判決結果拿給了父親看，並且將老鼠和其吃剩下的肉作為立的證據，當著父親的面將犯罪的把老鼠處死了。他的父親著他有模有樣的，認為十分滑稽好笑，於是，就隨手將他審問老鼠的報告拿來翻閱了一下。他的父親本來以為兒子是亂寫一通而已，但是這一看沒想到，兒子所寫的東西，條理分明、思路清晰，猶如一個辦案多年的老獄吏寫的似地。他的父親驚訝之餘，也認識到了兒子的才華，於是就讓他潛心學習刑獄文書、研讀法律。張湯的父親死後，張湯就繼承了父親的職位，做了長安吏。

　　張湯做長安吏的時候，擔任九卿的周陽侯田勝因為犯罪被囚禁在

長安，張湯證明了他的清白，解救了他。田勝在釋放後升了官，還被封為侯爵，與張湯交情依然很深，還把張湯介紹給各位貴族。後來，張湯擔任給事內史，在都尉寧成的手下任職。張湯顯示出了非凡的才幹，寧成就把他推薦給了丞相魏其侯竇嬰。不久，張湯被調任為茂陵尉，就是負責為天子修陵墓的官。等到武安侯田蚡擔任丞相的時候，他徵召張湯做了丞相內史，推薦給漢武帝，補任為御史，讓他處理訴訟，審理案件。

張湯處理的第一樁案件就是陳皇后巫蠱案。陳皇后就是陳阿嬌，「金屋藏嬌」的典故故事中的女主角，漢武帝正是在得到她的母親長公主的幫助下才被立為太子，後來接了景帝的皇位的。張湯深入追查，把同黨案犯一一抓獲，案件審理得讓武帝很滿意。因此，武帝認為他個很能幹的人，就晉升他為太中大夫。讓他與趙禹一起制定法令，約束官員們的行為。張湯和趙禹一起編訂了《越宮律》、《朝律》等法律著作。不久，趙禹被任命升為中尉，改任少府，張湯也被提升為廷尉，兩人之間的關係變得更加親密，張湯對待趙禹就好像兄長一樣。

張湯用法主張嚴峻，漢武帝崇尚儒家學說，張湯判案的時候，總想在儒家的古書經義裡找依據，以春秋之義加以掩飾，於是就潛心研習《尚書》、《春秋》，遇到可疑的法律條文，就翻閱經書來評判；碰到難解決的問題，就去請武帝裁斷。武帝認為對的，就以武帝意旨為治獄準繩，記錄下來，然後公佈，以此來稱頌武帝的聖明。上奏的事情受到武帝斥責的，張湯就跪地請罪。他還揣摩武帝的意圖，順著武帝的意思列舉屬下的正確言論，說：「他們本來曾向臣提出來這個建

議，可是我沒有採納。」結果他個人被赦免罪過，屬下的官員也得到提升。

張湯之所以能做高官，身居要職，就是因為他很會做事。張湯開始擔任小吏時，就與長安的宮商大賈田甲、魚翁叔等人關係密切。到後來當了大官，更是收納和交結全國各地的知名士大夫，雖然有些人自己心裡並不贊同對方，但是表面上張湯仍表現出敬慕之情。張湯有很多好朋友，張湯不僅經常和他們一起吃飯喝酒，還常常送給他們的賓客酒飯食物。對於舊友的子弟，不論為官的還是貧窮的，照顧得尤其周到。對於各位公卿大失的拜見，張湯總是表現得很小心謹慎，而且不管寒暑，從來不會怠慢。所以，張湯雖然用法不公正，可是，他的這些做法都使得擁有了很好的聲譽，反倒是那些執法嚴酷的官吏都淪為了他的部下，任他調用。

張湯因為武帝的緣故，崇尚儒學，也得到了丞相公孫弘的讚賞。在處理淮南、衡山、江都三王謀反的案件時，他窮追狠治，不放過任何蛛絲馬蹟，使案件得到了徹底審理。武帝想要釋放嚴助和伍被。張湯勸武帝說：「伍被是最先參與謀反的人，而嚴助親近交結出入皇宮的陛下近臣，如果現在不處罰他們，以後將沒有法處治了。」武帝因此同意將伍被、嚴助治罪。因為張湯審理案件立下了很多功勞，更加受到尊崇信任，晉升為御史大夫。

後來，武帝調動大軍討伐匈奴，需要大量的軍需。而國內各地不是發生了大的旱情，就是持續不斷水災。百姓們顛沛流離，依靠官府供給食物，導致官府庫存空虛。於是張湯順差武帝的旨意，製造銀錢

和五銖錢，壟斷國家的鹽和鐵的生產和買賣，大力打擊了富商大賈和地主豪強，兼併了他們的財產，迅速充實了國庫，解決了武帝對外與匈奴作戰的軍需和對內安撫百姓的錢糧。

張湯每次上朝奏事，談論國家的財用，武帝都要和他談很長時間，有的時候甚至忘記吃飯。丞相成了形同虛設的職位，國家大事都聽張湯的意見。甚至張湯生病不能上朝的時候，漢武帝都親自前去看望。皇上就是這樣尊寵他。張湯多次代行丞相職權，導致丞相莊青翟的不滿，丞相府的三位長史朱買臣、王朝、邊通合謀，逮捕審訊了張湯的友人田信，說張湯向武帝奏報提出建議，田信都事先知道，因此屯積取利，與張湯平分，還說張湯有其它奸邪之事。這些話傳到武帝那裡，武帝認為張湯心中險詐指責張湯，張湯一一予以否認，最後自殺身亡。張湯死後，家裡的財產總共還沒有五百金，而且全都是來自於皇上的賞賜，並沒有其它的產業。他的侄子想要將張湯厚葬。張湯的母親卻說：「張湯是被惡言污蔑才會死去的，有什麼可厚葬的呢？」於是，張湯就被草草地埋葬了。

後來武帝知道了真相，將三位長史處以死罪，丞相莊青翟被迫自殺，田信被釋放。武帝很為張湯之死惋惜，晉升了他的兒子張安世的官職。

大宛列傳

張騫出使西域

　　西漢建國初期，北方的游牧民族「匈奴」是一個非常大的威脅。匈奴經常率領著強悍的騎兵攻打漢朝的邊境，掠奪中原的財富，一直攻打到中原的甘泉，就要威脅到了長安，西漢王朝的統治岌岌可危。漢王朝經過了幾代皇帝的努力，在輕徭薄賦和「與民休息」的政策下，政治經濟得到了進一步的發展，社會經濟進入了繁榮時代，國力已經很強盛了。到了漢武帝時期，西漢王朝不想再坐以待斃，憑藉著雄厚的財力做後盾，不想繼續和匈奴「和親」，準備武力反擊匈奴擾，從根本上解除北方匈奴的威脅。

　　漢武帝從投降的匈奴人中得知，在敦煌、祁連一帶曾經有一個游牧民族——大月氏，但是後來被匈奴的老上單于滅掉了，並且將月氏國王的頭顱割下來做成了酒器使用。月氏人無奈之下只好遷到西邊。雖然他們被滅國了，可是依舊沒有死心，時刻想著要復仇。漢武帝因此決定聯合大月氏一起夾擊匈奴，於是在朝中選拔人才準備出使西域。漢武帝的詔令下達之後，年輕的張騫就毅然挺身而出，成為了最佳人選，從此他就走上了出使西域的路途，擔負起了國家和民族的重任。

　　張騫，字子文，漢中郡城固（今陝西省城固縣）人，漢武帝劉徹即位時，他是一名郎官。

西元前一三九年（武帝建元二年），張騫率領著一百多個人從隴西（今甘肅臨洮）出發，開始了西域之路。張騫為了躲避匈奴，從西進入河西走廊。但是不幸的是，張騫一行人在河西走廊時還是碰上了匈奴的騎兵隊，他們全都做了俘虜，被押送到匈奴王庭（今內蒙古呼和浩特附近）。

軍臣單于知道張騫是要出使月氏後，就對張騫說：「無論如何，我也不會讓你到達月氏的，就好比是漢朝不會讓匈奴使者穿過漢區到南方越國一樣。」於是，張騫一行人被扣留在匈奴長達十年之久。匈奴單于並沒有殺死他，而是不斷軟化他，想要讓他打消出使月氏的想法，對他威逼利誘，還給他娶了匈奴的妻子，生兒育女。時間久了，敵人對他也有所放鬆，而張騫也得到了機會。

一天，張騫趁著匈奴人鬆懈，就丟下了妻兒，帶著隨從逃走了。逃亡對一個俘虜而言是十分危險的行為。但是，命運眷顧，因為在匈奴時間比較長，張騫等人熟悉了通往西域的道路，而且學會了匈奴人的語言，他們混淆在凶奴人中，順利逃走。

這時，月氏人已經被迫西遷到了鹹海附近的媯水地區，在新土地上重新建立了家園。張騫瞭解到這些後，他們過了車師後沒有向西北伊黎河流域前進，而是轉向了西南，進入焉耆，再沿著塔里木河西行，通過了庫車、疏勒等地，翻越過蔥嶺，到達了大宛（今蘇聯費爾幹納盆地）。這一路上，非常艱苦，大戈壁灘上到處都是飛沙走石、熱浪滾滾；蔥嶺非常高挺，上面冰雪皚皚、寒風刺骨。而且沿途人煙非常稀少，水也十分缺乏。他們的物資又很缺乏，風餐露宿，嘗盡了艱辛，也有很多隨行的人命喪途中。

張騫來到大宛後，見到了大宛的國王，向其說明了自己的遭遇，表示出了自己出使月氏的使命以及經歷的種種苦難，希望大宛可以派人幫助。他表示如果返回了漢朝，肯定會向漢朝皇帝要求送他眾多財物並大加酬謝。大宛王很早就聽過漢朝的富裕，想要和漢朝通使，但是由於匈奴的障礙沒有實現。如今，漢使竟然自己到來了，豈能不高興，於是他就答應了。款待他們之後，還派出了嚮導和翻譯陪同將張騫等人到康居（今蘇聯烏茲別克和塔吉克境內），康居國王又將他們順利送到了大月氏。

但是，時過境遷，大月氏人來到了新的國土，這裡的土地肥沃、物產豐富，而且沒有匈奴和烏孫的騷擾，生活變得比較安定，不願意再向匈奴復仇了。他們認為漢朝距離月氏太遠，如果遇到危險也不會對他有所幫助。張騫在月氏停留了一年多，但是卻沒有說服月氏人。在月氏期間，張騫還曾經越過媯水南下，到達了大夏的藍氏城（今阿富汗的汗瓦齊拉巴德）。

西元前一二八年（漢武帝元朔元年），張騫開始起身返國。返回的路上，張騫為了躲避匈奴，改變了此前的路線。想要通過青海羌人地區，避免匈奴人的阻礙。當他們翻越嶺後，他們從崑崙山北麓的「南道」走，從莎車，經于闐（今和田）、鄯善（今若羌）進入了羌人的統治地區。但是讓人意外的是，羌人也已經被匈奴控制，張騫等人再次被匈奴俘虜，又在匈奴被扣留了一年多。

西元前一二六年（漢武帝元朔三年），軍臣單于去世，他的弟弟左谷蠡王伊稚斜自立為單于，他派人攻打軍臣單于的太子於單。於單

失敗後逃到了漢朝，張騫著匈奴的混亂，逃回了長安。這是張騫第一次出使西域。從西元前一三九年（武帝建元二年）開始，西元前一二六年（元朔三年）結束，經歷了十三年的時間。張騫出使西域，加強了中國同中亞、西亞以至南歐的交往，開闢了「絲綢之路」。

回到長安後，張騫向漢武帝講述了自己的所見所聞，並且將西域各國的特點都一一做了報告，中國對西域各國的瞭解加深了。漢武帝對張騫大加讚賞，封張騫為太中大夫，授堂邑父為「奉使君」，以表示他們的功績。

游俠列傳

俠士郭解

　　郭解，軹縣人，字翁伯，他的外公是善於給人相面的許負。郭解的父親曾經因為行俠仗義，所以被漢文帝殺死了。

　　郭解其貌不揚、身材矮小，但是卻是一個精明強悍的人。他從小就表現出了殘忍狠毒，如果心中有憤憤不平的事情時，就敢殺人，因此，在他手上喪命的人也不在少數。但是，雖然他很兇殘，可是卻是十分講義氣的人，為了朋友甚至可以不惜犧牲生命。說到他做過得壞事，可謂是多如牛毛，比如，他藏匿犯下重罪的亡命之徒、搶劫、私鑄錢幣、盜挖墳墓等，幾乎犯罪的事情他都幹。但是，他的一生都比較走運，總是在最危急的時刻能夠逢凶化吉，還會遇到皇帝大赦天下，因此逃過了劫難，免於死罪。當郭解的年齡越來越大，他開始反思自己的一生，想到自己曾經犯下的罪過，他開始感到後悔。於是，他就開始檢討自己，改變了自己的處世方式，向自己曾經得罪過的人施以恩惠，並且常常施捨他人，但是他從不為自己的行為炫耀，也不要求對方報答自己。後來，他越來越想去行俠仗義。雖然他常常挽救他人的生命，可是他的內心依舊是殘忍狠毒的，也常常為一些小事而行兇。但是，當時的少年對他的這些行為都十分仰慕，也會替他報仇，他卻毫不知情。

郭解姐姐的兒子常常依靠著郭解的勢力胡作非為。有一次他和別人喝酒，非要人家喝酒。人家的酒量小，不願意再喝了，他卻不同意，竟然強行灌酒。那人一怒之下，竟然拿刀將郭解姐姐的兒子刺死了，因為害怕，他就逃跑了。郭解對此事並不管，他姐姐十分生氣說：「我弟弟翁伯如此講義氣，別人殺了我兒子，他卻捉不到兇手。」然後，她就將兒子的屍體隨意放在路上，不去埋葬，想用這個辦法羞辱郭解。郭解看到姐姐這樣，就暗自派人打探兇手的去向。兇手害怕，就自己來到郭解面前，將當天的情景說了一遍。郭解聽後，就說：「這是我孩子的過錯，你殺他也是應該的。」於是，就沒有責怪兇手，放他走了，自己將姐姐的兒子埋葬了。人們聽說了這件事情，都認為郭解是一個俠肝義膽之人，對他更加佩服了，依附他的人也越來越多了。

郭解每次外出或者回來的時候，人們都會紛紛躲避著他，但是卻有一個人十分傲慢地坐在地上無畏地看著他，郭解對此十分好奇，就派人問他叫什麼名字。門客看到此人如此不敬，想要殺了他，但是郭解卻說：「我在鄉里生活，竟然得不到他人的尊敬，這是我的錯誤啊，說明我的道德修養不夠，他哪裡有錯呢！」他還暗中囑託尉史說：「這是我最關注的人，請將他的服役免除，不要讓他去服役。」後來，這個人每次服役的時候，都沒有人找他讓他去，他很奇怪，就問是什麼原因，知道是郭解對自己的照顧後，他十分後悔自己的行為，就親自登門向郭解負荊請罪。當地的少年們聽說了這件事情，對郭解更加仰慕了。

曾經，洛陽人相互之間結下了怨仇，城中有數十位的賢人豪傑想

要從中調解，但是雙方都沒有調和。於是就有人前來請求郭解，想要其從中調解。郭解當即答應，晚上就到了互相結仇的人家讓其和好如初，仇家對郭解是很尊重的，出於此，答應了勸告，準備和好。郭解就對仇家說：「我聽說，洛陽的賢人豪傑為你們調解了多次，但是你們卻不去接受。但是，我現在的勸告你們卻聽從了，我郭解作為一個其它縣的人，竟然跑過來侵奪他人城中賢豪大夫的調解權力，這是不對的！」於是郭解當夜就離開了，還交代說：「至於我的調解，你們暫時可以不聽從，等我離去後，再讓洛陽豪傑調解一下，你們聽從他們的就可以了。」

漢武帝元朔二年時，朝廷決定要將各郡國的豪富人家遷到茂陵居住，郭解家中貧窮，並沒有達到資財三百萬的標準，但是遷移的名單中卻有郭解的名字，官吏們害怕郭解，都不敢前去讓郭解遷移。當時大名鼎鼎的衛青將軍還向皇上解釋說：「郭解的家是很貧窮的，根本達不到遷移的標準。」但是漢武帝卻堅持說：「一個普通的百姓都可以讓一個將軍為他說話，從這點就可以看出他的家並不窮苦啊。」於是就這樣，郭解被遷徙到了茂陵。人們紛紛出來為郭解送行，並且為他集資籌集了錢。當時，是軹人楊季主的兒子提出讓郭解遷徙的，因此，郭解哥哥的兒子十分生氣，就將楊縣掾殺死了。從此，楊郭兩家也成為了仇家。

郭解遷移到關中後，關中的賢人豪傑知道郭解的來到，無論以前知道他的名聲的還是不知道的，都紛紛前來和他結交，想要與郭解成為朋友。郭解因為殺死了楊季主，楊季主的家人不服氣，就上書狀告他，但是，卻有人替郭解出頭將告狀的在宮門下殺死了。皇上得知這

件事情後，就下令將郭解逮捕了。郭解無奈之下，只好將母親安置在夏陽，自己逃到了臨晉。

臨晉籍少公根本不認識郭解，郭解就貿然前去拜見他，想要通過他幫忙將自己送出關外。籍少公也是一個仗義之人，就將郭解送出了關，郭解後來轉移到了太原。無論他到哪裡，就會將自己的行蹤告訴留宿他的人家。官吏一步一步追捕郭解，來到了籍少公家裡，籍少公不想出賣郭解，就自殺了，官府也失去了郭解的消息。過了很久，郭解才被官府抓到，官府通過對他罪行調查，發現他所犯下的罪過都在赦令公佈之前，就將他放掉了。

有一次，軹縣一個儒生陪同查辦郭解案件的使者坐著，聽到了郭解的一個門客稱讚郭解，他就反駁說：「郭解一向做一些奸邪犯法的事情，怎麼可能是賢人呢？」郭解的門客聽到他這樣說，就將他殺死並割下了他的舌頭。官府以此問郭解，當時郭解卻是不知情，也不知道兇手是誰，也交不出來，但是郭解確實無罪。御史大夫公孫弘不同意郭解無罪，認為他是一個平民卻可以玩弄權詐之術，雖然他沒有殺人，但是卻罪過深重，是大逆無道之罪。於是，郭解全家就被誅殺了。

佞倖列傳

鄧通餓死

　　鄧通，西漢文帝的寵臣，他憑藉著漢文帝的寵愛，壟斷了鑄錢業，富甲天下，但是在文帝死後，他卻不幸落得一個餓死的下場。

　　鄧通的父親鄧賢生於漢高祖劉邦開國初年，因此，鄧通的家庭沒有遭到戰亂的禍害，還算殷實。鄧通是他唯一的兒子，因為當時村北南陽郡到汝南郡在修建官道，因此，他就給兒子起名為「通」。鄧通自幼就開始讀書，在讀書之餘，他更多的是到河中嬉戲玩耍、摸魚捉蝦。到了年長時候，他讀書雖然沒有很大的成就，可是，卻練就了一副弄水撐船的好本領。後來，鄧通因為自身有著擅長划船的好本領，加上年輕力壯，就被徵召到皇宮裡做了黃頭郎，專職掌管行船。

　　漢文帝劉恒是一個寬厚仁慈的皇帝，可是他也有一個皇帝的通病，即相信神鬼，追求長生不老。有一次，漢文帝做了一個夢，在夢中他在登天，但是卻怎麼也沒有登上，此時，有一個黃頭郎在後面將他推了一把，他就上去了。他看了一眼黃頭郎，發現他穿著橫腰的短衫，衣帶則結在背後。夢醒之後，漢文帝就前去尋找夢中的黃頭郎，他一眼就看見了鄧通，因為他的衣帶就是從後面穿的結，和夢中的一樣。漢文帝心中十分高興，就立刻將他召到面前，問他叫什麼，得知他叫鄧通後，發現和「登通」相似，漢文帝更加高興了，就立刻將他帶在身邊，極其寵愛。

鄧通是一個極其善於阿諛奉承的人，得到了漢文帝的寵愛後，他就極盡所能奉承吹捧，而漢文帝則更加寵愛她，對他賞賜頗豐，鄧通最後還官至上大夫。漢文帝和鄧通的關係也變得非常密切，經常住在一起。

　　一次，漢文帝讓一個看相的術士為鄧通相面，相士看了了以後，直截了當地對文帝說：「鄧大夫以後會在貧困交加之下餓死。」漢文帝聽後自然不信，非常不高興。他還對鄧通說：「如果朕想要讓你富有，又有什麼難的呢？」於是，他就將把蜀郡嚴道縣的銅山賜給了他，鄧通開始開採銅礦，而且還有鑄錢的權力。

　　鄧通得到鑄錢的權力，財富一下子就大大擴大了，可以說是富可敵國，但是，天下流通的錢財除了吳國錢，就是鄧通錢，因此，有古語說過「錢比鄧通，貌比潘安」的話。鄧通能夠達到如此高的地位，擁有如此多的財富，還要感謝漢文帝，而他對漢文帝也是盡心盡力，感激涕零！

　　一天，漢文帝的毒瘡發作了，紅腫流膿、潰爛不堪，漢文帝被毒瘡折磨得痛不欲生，毒瘡反覆發作讓他痛得鑽心，只能整日待在床上哀號。雖然有御醫給治療，可是吃了不少的藥依舊不見效，漢文帝最後竟然被毒瘡折磨得暈了過去。看到漢文帝如此痛苦，鄧通站在一旁不知該如何是好，而漢文帝又昏死了過去，鄧通著急得心裡想：如果皇上就這樣麼死去了，那麼，我以後該如何去報答他的大恩大德呢？我該如何是好呢？不如我用嘴巴將皇帝的膿血吸出來，這也算是我對他的一點報答吧，也了了我的心願了！想到這裡，鄧通也就放開了膽

子，一下子撲到了漢文帝的身上，他根本就不管膿血有多麼的污穢腥臭，張大了嘴巴，對著文帝的爛瘡就吸允了起來。鄧通還沒有吸幾口，漢文帝就不再那麼疼了，沒有過多久，他竟然就醒了過來。鄧通看都漢文帝醒了過來，就更加賣力了，竟將舌頭伸了進去，在瘡口裡舐了幾舐，說也奇怪，漢文帝竟覺沒有一絲疼痛了。當他舐完，漢文帝回過頭看了一眼是鄧通，非常感激他，認為他是對自己最忠心、最關心的，也算自己沒有白白寵愛他。接下來的幾天，鄧通又給他吸了幾次，漢文帝的毒瘡竟然慢慢好轉了起來。

有一天，漢文帝問鄧通說：「你說，天下到底是誰最愛我呢？」鄧通回答說：「那當然是太子了。」恰好這個時候，太子進來向漢文帝問安，漢文帝就讓太子給他吮瘡。太子當然不願意，但是無奈之下，他只好跪在榻前勉強將嘴巴湊了上去要吸允毒瘡，但是，還沒有開始，太子就感到一陣噁心，竟然嘔吐起來。漢文帝看見這樣的情景自然很不高興，太子也只能怏怏退了出去。

後來，太子聽說鄧通曾為漢文帝吸允毒瘡，心中愧恨的同時，也開始記恨他了。幾年之後，漢文帝死了，太子繼承皇位，即漢景帝。漢景帝因為嫉恨鄧通，便將鄧通革職，剝奪了他開採銅山的權力，並將他所有的家產沒收。曾經富可敵國的鄧通，最後竟然落得同乞丐一樣，流落街頭，最後被活活餓死了。

滑稽列傳

幽默善辯的淳于髡

淳于髡，戰國時期齊國著名的思想家和政治家，淳于是他的姓，他因為受過髡刑，即古代一種剃光頭髮的刑罰，因此被稱為淳于髡。他雖然相貌不出眾，但卻是一個能言善辯、詼諧幽默的人，曾經代表齊國出使過很多國家，從來沒有被他們屈辱過。淳于髡的事蹟很多，多數是關於他和人辯論以及向國君進諫的事情，從中反應了他的機智善變以及詼諧幽默。

齊威王是一個喜歡說隱語又特別愛好享樂的君王，他常常徹夜宴飲，沉醉於飲酒作樂之中，對政事則不管不顧，都交給卿大夫們處理。在這樣的君王帶領下，滿朝的文武百官自然也是放縱荒淫，導致各國紛紛前來侵犯，國家形勢變得十分危急，旦夕將要毀滅。即使是這樣，大臣們依舊不敢向齊威王進諫。淳于髡看到這樣，就用齊威王喜歡的隱語來勸諫他說：「大王，都城中飛來了一隻大鳥，落在了您的院子裡，可是三年時間它既不飛也不叫，大王可否知道該鳥是怎麼回事嗎？」齊威王知道淳于髡是在說自己，就回答說：「此鳥不飛則已，一飛衝天；不鳴則已，一鳴驚人。」齊威王並不是一個昏庸無能之人，經過淳于髡的提醒，他立刻將全國七十二個縣的官員召集入朝，對他們進行了考核，整頓了吏治，接著又大肆整頓軍隊，反抗其

它國家的入侵。齊威王重振國威，其它諸侯國看到齊國君王警醒，也不敢再侵犯，並將侵佔的土地紛紛歸還。

西元前三七一年（齊威王八年），楚國派出大軍前去侵犯齊國的邊境。齊威王元趕緊派出淳于髡前往趙國請求援助，並且讓他帶去黃金百斤，駟馬車十輛作為禮物。淳于髡看到這些禮物，立刻哈哈大笑起來。齊威王看到後說：「先生這樣大笑，是不是嫌禮物太少了？」淳于髡說：「大王，我今天從東邊來的時候看見路邊有個人在祈禱田神，他面前放著一個豬蹄、一杯酒，嘴裡祈禱說：『高地上種植的穀物要盛滿簍籠，低田裡種植的莊稼要裝滿車輛；五穀豐登，糧食滿倉。』他拿如此少的祭品就想要祈求到比你們多的東西，簡直就要笑死我了。」齊威王聽了他話，趕緊將給趙國準備的禮物增加到黃金千鎰、白璧十對、駟馬車百輛。淳于髡於是就帶著這樣的禮物來到趙國，趙國果然很爽快，撥給齊國十萬精兵、一千輛戰車。楚國聽到齊國得到了趙國的援助，知道自己不是對手，於是連夜撤兵退出了。

楚國退兵後，齊威王很高興，就在宮中大擺宴席，召見淳于髡前來賜酒給他喝。

在宴席上，齊威王問他說：「不知先生可以喝多少酒才能醉倒？」淳于髡回答說：「我喝一斗酒也能醉倒，喝一石酒也能醉倒。」齊威王說：「先生明明喝一斗就醉了，為何又說能喝一石酒呢？這是怎麼樣的道理呢？」淳于髡回答說：「大王賞給我酒喝，我在大王面前喝酒，旁邊站著執法官，背後站著御史，因此，我心中會有所畏懼，喝酒也要小心翼翼，所以喝不了一斗就會醉。如果家中有比較尊貴的客

人來，我會恭敬地陪同客人喝酒，向客人敬酒，客人也會時不時賞給我酒喝，在這樣的敬酒應酬戰中，我喝不到兩斗就會醉。如果朋友之間好久不見面，相見了自然會非常高興，相互之間會說一些往事以及關心的話，這樣的話喝五六斗可能就會醉。如果是鄉里之間的聚會，期間男女混坐，沒有時間的限制，也有六博、投壺的遊戲助興，大家相互之間呼朋喚友，互相敬酒，無拘無束，場面雖然混亂但是大家開心，我最喜歡這樣的場景，即使是喝上八斗酒也不過只有兩三分的醉意而已。天黑的時候，酒基本也要喝完了，將剩餘的殘酒混到一起，大家就這樣促膝而坐，鞋子木屐放在一起，蠟燭也要熄滅了，主人將其它的客人紛紛送走，將我單獨留下來，我將身上的衣服的衣襟也解開，可以聞到酒的陣陣香氣，這是我最高興的時候，因此我可以喝下一石酒。所以說，酒極則亂，樂極生悲，萬事盡然。酒喝得太多了就容易出亂，歡樂到極點就會有悲痛的事情發生，世上的事情都是這樣的。」淳于髡說的這些話其實是在勸說齊威王不要過度飲酒作樂，齊威王聽從了他的勸說，停止了徹夜歡飲。

除了勸諫君王，淳于髡在出使他國的時候，也常常是能夠語出驚人，順利完成自己的任務，是著名的外交家。

有一次，齊王派淳于髡前去楚國進獻黃鵠。但是，不料在前往的途中，那只黃鵠竟然飛走了，於是，淳于髡就提著一個空籠子前去拜見楚王了。見了楚王，他說：「齊王派我向您進獻黃鵠，在經過河邊的時候，我看見黃鵠乾渴，於心不忍就將它放出喝水，豈料，它竟然趁機飛走了。看到它飛走了，我就想要刺腹或上弔自殺，但是我擔心我這樣死去了，大家會說大王因為一隻鳥兒導致士人自殺，給大王惹

來非議。黃鵠這樣的鳥，相似的很多，我也想過要買一隻來代替原來的，但是，我認為這樣做是對大王的欺騙，不誠實，所以我沒有那樣做。我也想過要逃到其它國家去，但是，我又不忍心看著齊楚兩國的君主因為我而從此斷絕來往。因此，我就來到大王面前，向大王請罪，請大王治我的罪吧！」楚王聽了淳于髡的一番陳述，心中想齊王竟然有如此忠心之心，也就沒有責罰他，並且還賞賜了他厚禮，這些禮物可是比那只黃鵠要貴重得多。

還有一次，齊王派淳于髡出使楚國，楚王看到他身材矮小，就諷刺他說：「你們齊國難道就沒有一個像模像樣的人了嗎？為什麼派你來了呢？不知道先生有什麼特別之處呢？」淳于髡聽了之後並沒有生氣，而是直截了當地說道：「我沒有什麼特別之處，不過我的腰中有一把七尺長劍，專門是用來斬殺無狀之王的。」楚王聽了他的話，立刻誠惶誠恐地說：「先生請息怒，我不過是和先生開玩笑罷了，先生不要介意。」淳于髡雖然其貌不揚，可是，他的聰明才智讓他從未在其它國家受辱，反而得到了尊敬。

淳于髡非常喜歡辯論，就連善辯的孟子他也不放過。臨淄還流傳著這樣的民謠：孟子遇見淳于髡，嚇不死也發昏。

有一次，孟子來到了齊國，淳于髡得知後，就前去拜訪。見到孟子以後，他問說：「請問先生，男女授受不親是禮制規定的嗎？」孟子回答：「淳于先生，禮制中確實規定了男女授受不親。」淳于髡又說：「如果說你的妻子掉進了水中，那麼我作為兄弟，是該救她還是不救呢？」孟子聽了他的話非常生氣，心中十分不高興，覺得淳于髡

這個人滿嘴胡言，於是，他回答說：「男女授受不親確實是禮制所規定的。可是，救嫂子是個權宜之計。」淳于髡聽到孟子的回答，譏諷說：「如今，天下百姓生活困苦不堪、水深火熱，你為何不伸手救助他們呢？」孟子說：「救助天下百姓主要的是授其以道。我妻子掉進水裡僅拉一把就可以了，難道天下百姓要一個個拉一把嗎？」經過孔子的這樣一說，淳于髡明白了，孟子是聖人，他主要是去教化百姓，而不是凡是親力親為。

傳奇人物東方朔

　　東方朔，字曼倩，平原厭次縣（今山東省陵縣神頭鎮）人，西漢辭賦家。他是一個非常智慧之人，詼諧幽默、才思敏捷。他經常對漢武帝進言，說一些政治得失、強國強民之道，但是卻始終沒有的得到漢武帝的重用，僅被視為俳優而已，滿腔的熱血得不到揮灑，於是，他就將自己的志向以及不滿發洩到了詩詞歌賦上面，他一生著述頗豐，著名的作品有〈答客難〉、〈非有先生論〉、〈責和氏璧〉、〈試子詩〉等。

　　漢武帝剛剛即位的時候，他廣招天下賢良和有才之人，於是，各地的士人、儒生紛紛前來上書給他。東方朔聽到消息後，也立刻給漢武帝上書，他的上書用了三千片竹簡，需要兩個人才可以扛得動，漢武帝整整讀了兩個月才將他的上書讀完。在這封上書中，他說道：「我東方朔自幼沒有了父母，在兄嫂的扶養照顧下長大成人。十三歲我才開始讀書，十分努力刻苦，僅三年時間就將天下的文史書讀遍了。十五歲學習擊劍。十六歲學習《詩》、《書》。十九歲開始學習孫吳的兵法以及各種戰陣的方法，通曉各種兵器以及作戰的鉦鼓。現在，我已經二十二歲了，身高九尺三寸，兩眼炯炯有神就好像是明亮的珠子一般，牙齒潔白整齊猶如編排整齊的貝殼，像孟賁一樣勇敢，

像慶忌一眼敏捷，像鮑叔一樣廉儉，像尾生一樣信義。我這樣的人，肯定是有資格做天子的大臣吧。」漢武帝讀了東方朔的上書，看到他對自己的自誇自薦，十分讚賞他的勇氣和氣魄，於是，就下令讓他在公車署任職。

雖然東方朔如願做了官，但是，公車令是一個奉祿很低的職位，並且見到皇帝的機會微乎其微，因此東方朔非常不滿意。他想要得到面見漢武帝的機會，於是，他就想了一個辦法。他對給皇帝養馬的幾個株儒故意說道：「我聽皇帝說，你們這些人又不會種田，又不會打仗的，而且也沒有治國安邦的才能，對國家沒有任何用處，留著也沒用，還不如殺掉算了。你們就要大難臨頭，還不趕緊去向皇帝求情。」東方朔是故意嚇唬他們的，他們卻信以為真，感到十分害怕，於是都跑到漢武帝面前哭著求饒。漢武帝被他們搞得一頭霧水，就問他們是怎麼回事，得知事情原委後，漢武帝立刻名人將東方朔召來責問。就這樣，東方朔終於得到了一個面見漢武帝的機會。

他見到漢武帝過後，絲毫不畏懼，不緊不慢地說：「皇上，我是萬不得已才這樣做的。我身高九尺，株儒身高才三尺，但是，我們的俸祿卻一樣多，這樣做無疑是撐死他們卻將我餓死。如果您不願意重用我，那麼就不要用我，放我回家吧，我不想將京城的白米白白浪費掉啊！」東方朔這樣詼諧幽默的話使得漢武帝不僅沒有生氣，反而哈哈大笑起來，於是將他任命為侍詔金馬門，沒過多久又提拔為侍郎，在漢武帝身邊服侍。

從此，東方朔就成了漢武帝身邊的近臣，漢武帝還經常將他召到

面前談話，漢武帝對他從來都是讚賞有加，從來沒有生氣過。漢武帝還常常賞賜他御前用飯。東方朔每次吃過飯後，都會將剩下的肉揣在懷裡全部帶走，將衣服弄得髒兮兮的。皇上還多次賞賜給他綢絹，他每次都是欣然接受，用肩膀挑著或者手提著就拿走了。雖然他是一個有才之人，但是他的有些做法卻讓人不解，他將皇上賜給他的錢財綢絹都用在了女人身上，他總是喜歡娶長安城中年輕漂亮的女子為妻，但是，娶過來一年又會將其拋棄，然後再娶一個。他這樣的做法，被很多大臣稱為「瘋子」，漢武帝對此卻不以為然，反而說：「如果東方朔沒有做這些荒唐的事情，你們誰的才能可以比得過他呢？」

有一天，東方朔從大殿走過，郎官們看見了他，就對他說：「先生，大家都認為您是一個狂人！」東方朔從容地回答說：「像我這類的人，就是人們說說的隱居在朝廷中的人。古代的時候，一般都是在山林中隱居的。」事實證明他確實是一個桀驁不馴的人，他有時喝酒喝到暢快的時候，就會坐在地上唱道：「隱居世俗中，避世金馬門。宮殿既然是隱居的好場所，又何必要隱居深山之中、茅舍裡面呢？」

朝廷有一次召集學宮中的博士先生們在一起參議政事。當時，大家聚在一起，對東方朔發難說：「從前的時候，蘇秦和張儀只是偶然間遇到了大國的君主，然後就一躍成為了卿相，給後世留下了很多恩澤。如今，您對先王治國御臣的方術十分有研究，崇尚聖人立身處世的道理，並且熟讀《詩》、《書》以及諸子百家的言論，著書立說，寫下很多文章，因此，您就認為自己無人能敵，聰慧無比、見多識廣了。但是，您看看您，雖然對皇帝忠心耿耿，極力侍奉，但是，都已經數十年了之久了，您也沒有達到卿相的位置，不過是一個侍郎的官

衛，衛士的職位罷了。如此看來，肯定是因為您個人的原因吧？是不是因為您的行為不夠檢點呢？這是為什麼呢？」

東方朔回答說：「這些並不是你們這些人所能明白的。我和張儀、蘇秦並不同處於一個時代，怎麼可以相提並論？張儀、蘇秦生活的時代，周朝處於衰敗時期，各個諸侯都不去朝見天子。諸侯國之間的勢力相當，如果能夠得到士人的幫助就會更加強大，失去了士人的幫助則就會很快滅亡。因此，諸侯對士人的依靠太強，只好對其言聽計從，導致了士人的身價提高，才能夠給後代留下恩澤。但是，現在並不是那樣的情景。我們的皇帝是如此的聖明，他管理朝政可以將恩澤普及天下，諸侯也都乖乖服從，四方都臣服，四海之外的疆土也被統一在一起，天下一統，豐衣足食。賢和不賢，從哪裡可以分辨出來呢？現在，天下廣大的士人紛紛竭盡全力，來到京城中開始向朝庭出謀劃策。儘管每個人都崇尚道義，可是，任然不免會被衣食的不足而困擾，甚至很多人連一個晉升的門路也沒有。如果張儀、蘇秦也生在這個時代，恐怕他們連一個小官都做不了，更不要說做侍郎了！因此說，時代不同事情也就不同，不能如此相比。不過即使如此，也不能不去努力提高自身的修養。你看現在世間的隱士，雖然一時得不到重用，但是卻可以超然自立、孑然獨處，以前有許由，現在有接輿，智慧如同范蠡一樣，比伍子胥還要忠誠，天下一片和平的景象，人們修身卻寡朋少侶本來就是再平常不過的事情。你們為何會對我有這樣的疑慮呢？」那些先生們聽了東方朔的話，都啞口無言、無話可說了。

東方朔一生規勸漢武帝多次，在臨終的時候，他還規勸漢武帝說：「《詩經》上面說：『蒼蠅飛來飛去，落在籬笆上。善良的君子，

千萬不要聽信讒言。』『讒言不止，國家不得安寧。』臣希望皇上可以和君子親近，而遠離那些諂媚的小人。」東方朔說過這些話沒多久就病死了。古書上說過：「鳥之將亡，其鳴也哀；人之將死，其言也善。」說的就是這個意思。

西門豹治鄴

　　戰國時期，西門豹被魏國的國君魏文侯派往漳河邊上的鄴（今河南省安陽市區北18公里處）任命縣令。

　　西門豹是為民著想的好官，他到了該地之後，不是像其它官員那樣先去拜見當地的富紳，而是到百姓中間探訪，察看民間疾苦。他看到此地田地荒蕪、人煙稀少，十分冷清，毫無生氣，於是，他就找來一位老大爺詢問原因。老大爺回答說：「還不都是因為河伯娶媳婦，大家都害怕，所以才會這樣的。」西門豹聽了後，很迷茫，就問：「河伯娶媳婦？河伯是誰呀？為什麼他娶媳婦大家都害怕，造成此地如此荒涼呢？」老大爺回答說：「何伯就是漳河的神，他每年都要娶一個年輕漂亮的姑娘做媳婦，如果不給他送去媳婦，漳河就會發大水將田地全都淹沒。」

　　西門豹聽後，認為事情很蹊蹺，不過他也沒有表現出來，繼續問：「是誰這麼說的呢？」老大爺說：「是當地的巫婆說的。地方上的官紳每年都出來逼迫老百姓出錢給河伯辦喜事。一年都要收老百姓很多錢，辦喜事才花掉一小部分，剩餘的他們就和巫婆分掉了。」

　　西門豹又問：「這河伯娶的媳婦是哪兒來的？」老大爺說：「是

巫婆從每家的年輕女孩子中選出來的，每年她都帶人去挑，如果家裡有錢給點錢也就算了，如果沒錢就只能任憑他們把姑娘帶走。等到河伯娶媳婦那天，他們在漳河邊上放一條葦席，將女孩兒精心打扮一番坐在葦席上，然後就順著水漂走。那個葦席開始是浮在河上的，到了河中心就和姑娘一起沉下去了。現在，只要家中有姑娘的都紛紛逃到外地去了，所以這裡的人也越來越少，我們也越來越窮了。」

西門豹越聽越覺得這是富紳和巫婆在搞鬼，就又問：「漳河有沒有發過大水呢？」老大爺說：「根本沒有發過，到了夏天雨水少的時候，還每年鬧旱災呢。」西門豹聽後，笑著說：「如此說來，河伯還真是靈驗呀，下次他娶媳婦，麻煩告訴我，我也要過去看看。」

轉眼，又到了河伯娶媳婦的日子。那天，西門豹早早帶著衛兵來到漳河邊，岸邊站滿了老百姓以及巫婆和官紳們。巫婆和官紳們看到西門豹來了，趕緊前去迎接。其實，在西門豹沒有上任以前，當地的縣令也參與這件事情，並且會分到不少的銀子。但是，因為西門豹來到時沒有去拜見富紳，因此，富紳們就對他非常不屑，沒有邀請他參加河伯娶親。誰知西門豹竟然不請自來，這讓官紳和巫婆們有點意外，也有點懼怕，他們還不瞭解新上任的西門豹是個什麼樣的人，怕得罪他。

西門豹看了看那巫婆，只見她是一個七十多歲的婦人，身後還跟著十來個穿著綢褂的女徒弟。富紳們也一副諂媚的嘴臉。接著，西門豹對他們說：「把新娘帶過來，我看看。」巫婆趕緊吩咐徒弟將打扮好的姑娘領了過來。西門豹看了一眼姑娘，只見姑娘一臉的淚水，他

清楚姑娘肯定是被逼迫的。於是，他轉頭對巫婆說：「這個姑娘不漂亮，河伯肯定不會滿意的，換一個吧！你先下去和河伯說一下，讓他不要著急，我再給他選一個漂亮的姑娘，過幾天就給他送去。」說完，他就命令衛士將巫婆托起投進了漳河。巫婆知道如果被投下河必死無疑，極力掙扎，但是哪裡能夠逃脫衛士們的控制呢，還是被直接扔進了河裡，巫婆一被扔進去沒有兩下就沉入了河底。

過了一會兒，西門豹看了看旁邊的官紳頭子說：「你說，巫婆怎麼去那麼長時間還不回來呢？不如你下去催催她吧。」說完，西門豹又命令衛士將官紳頭子扔進了漳河。

西門豹就這樣站在漳河邊上，很長時間，那些官紳們一個個都不敢說話，小心翼翼、提心弔膽，生怕自己也會遭到投河的下場。果然，西門豹回過頭對他們說：「他們可能在河伯那裡做客呢？要不然怎麼能這麼長時間不回來呢！不行，你們都過去催催他們，讓他們快點回來吧！」說完，就要將他們都扔下河去。

官紳們聽了西門豹的話，嚇得一個個臉色蒼白，紛紛跪下來用力磕頭，想要讓西門豹饒了他們。西門豹看著他們說：「那好，我再等一會。」那些人看到有轉機，趕緊求饒，過了一會兒，他看到官紳們確實害怕了，就說：「算了，你們起來回去吧，看來河伯是將他們留下來了，你們不用在這裡等了。」

老百姓看到這樣的情景，都知道了巫婆和官紳是在騙錢害人，此後，再也沒有人提起過河伯娶媳婦的事情，當然漳河也沒有發過大水。後來西門豹在此地一共開鑿出來了十二條管道，將漳河的水引入

到田地中，解決了莊稼在夏季乾旱時期的灌溉問題，因此該地年年都能取得好收成。

西門豹是一個非常正直的人，他到鄴地擔任官職的時候，為官清廉，勤勉為民，並且剛正不阿，不懼權貴，因此受到了當地百姓的愛戴。但是，他從來都不會去巴結討好魏文侯的左右和親信，因此，這些人都非常討厭他，想方設法陷害他，在魏文侯面前說了很多他的壞話，使得魏文侯對他也有了誤解。到了年底的時候，西門豹該向魏文侯述職了，他在當地做出的政績是有目共睹的，理應受到嘉獎，但是卻反被沒收了官印，罷免了官職。

西門豹知道自己是為何被罷官，於是，他就請求魏文侯說：「請再給我一次機會吧，今年是我第一年做官，沒有做官的經驗，或許有些地方做的不好。如今我已經懂得了為官之道，請您讓我再做一年，如果還是沒有成效，那麼我甘願受罰。」魏文侯聽了他的誠懇請求，就答應了。

西門豹重新上任之後，改變了原來的做法，除了勤勉處理政務以外，也開始極力討好巴結魏文侯的左右和親信，果然，到了年底他再去述職的時候，魏文侯對他稱讚有加，給予了很豐厚的獎賞。其實，西門豹這一年和上一年的功績沒有太大差別，之所以魏文侯的反映不同，只是因為自己的做法不同而已。西門豹對魏文侯說：「我去年和今年的功績一樣，去年您卻收回了我的官印，今年則對我讚賞有加。就是因為我以前沒有巴結您的左右。現在我巴結了他們，您才對我有好印象，才會對我禮遇。如此賞罰不明，這樣的官我是不願意做

了。」西門豹說完就辭官離開了，魏文侯聽到他的話後，趕緊將他攔下，並道歉說：「全是我誤會你了，是我不瞭解你的功績，如今我已經知道自己錯了，也知道了你是一心為民，希望你能留下繼續做官，為國家盡力。」

西門豹在治理鄴地時取得了很大的成績，這完全和他的正直清廉有關，他不愧是一個愛民的好官。

昌明文庫·閱讀歷史 A0604004

一口氣讀懂史記故事 下冊

主　　編　劉曼麗
責任編輯　蔡雅如

發 行 人　陳滿銘
總 經 理　梁錦興
總 編 輯　陳滿銘
副總編輯　張晏瑞
編 輯 所　萬卷樓圖書股份有限公司
排　　版　菩薩蠻數位文化有限公司
印　　刷　百通科技股份有限公司
封面設計　菩薩蠻數位文化有限公司

出　　版　昌明文化有限公司
桃園市龜山區中原街 32 號
電話　(02)23216565
發　　行　萬卷樓圖書股份有限公司
臺北市羅斯福路二段 41 號 6 樓之 3
電話　(02)23216565
傳真　(02)23218698
電郵　SERVICE@WANJUAN.COM.TW

大陸經銷
廈門外圖臺灣書店有限公司
　電郵　JKB188@188.COM

ISBN 978-986-94911-2-9
2018 年 1 月初版二刷
2017 年 5 月初版
定價：新臺幣 320 元

如何購買本書：

1. 劃撥購書，請透過以下郵政劃撥帳號：
　　帳號：15624015
　　戶名：萬卷樓圖書股份有限公司
2. 轉帳購書，請透過以下帳戶
　　合作金庫銀行 古亭分行
　　戶名：萬卷樓圖書股份有限公司
　　帳號：0877717092596
3. 網路購書，請透過萬卷樓網站
　　網址 WWW.WANJUAN.COM.TW

大量購書，請直接聯繫我們，將有專人為您
服務。客服：(02)23216565 分機 10

如有缺頁、破損或裝訂錯誤，請寄回更換
版權所有·翻印必究
Copyright©2018 by WanJuanLou Books CO., Ltd.
All Right Reserved　　　　　Printed in Taiwan

國家圖書館出版品預行編目資料

一口氣讀懂史記故事 / 劉曼麗主編. -- 初版.
-- 桃園市：昌明文化出版；臺北市：萬卷
樓發行, 2017.05　冊；　　公分. -- (昌明文庫.
閱讀歷史；-A0604004)
ISBN 978-986-94911-2-9(下冊：平裝)
1.史記 2.歷史故事
610.11　　　　　　　　　　　106008390

本著作物經廈門墨客知識產權代理有限公司代理，由中國紡織出版社授權萬卷樓圖書
股份有限公司出版、發行中文繁體字版版權。